하나님의 지혜는 지식으로 얻을 수 없다

Originally published in English under the title

The Wisdom of God

by A. W. Tozer

Copyright ⓒ 2017 by James L. Snyder
Published by Bethany House Publishers
a division of Baker Publishing Group,
Grand Rapids, Michigan 49516, U.S.A.
All rights reserved.

This Korean Translation Copyright ⓒ 2018 by Kyujang Publishing Company

이 한국어판 저작권은 저작권자와 독점 계약한 규장에 있습니다.
신 저작권법에 의하여 한국 내에서 보호를 받는 저작물이므로
무단 전재와 무단 복제를 금합니다.

A. W. 토저 마이티 시리즈(A. W. TOZER Mighty Series)

토저는 교인수의 성장을 위해서라면 대중의 인기에 야합하고, 거대 기업의 경영방식을 무차별 차용하고, 할리우드 엔터테인먼트 방식을 예배에 도입하는 것에 대해 통렬한 비판을 가하였다. 그는 현대의 교회가 물량적 성장을 위해서라면 교회의 순결성을 포기하는 듯한 자세를 보일 때는 그것을 좌시하지 않고 언제나 선지자의 음성을 발하였다. 듣든지 안 듣든지 이스라엘 교회의 세속화를 준열하게 책망했던 예레미야처럼, 토저도 시대에 아부하지 않고 하나님교회의 순정성(純正性)을 파수하기 위해 '강력한'(Mighty) 말씀을 선포했다. 그래서 토저는 '이 시대의 선지자'라는 평판을 들었다. 토저가 신앙의 개혁을 위해 외쳤던 뜨겁고 강력한 메시지를 이 시대의 우리도 들어야 한다. 말씀과 성령에 의한 개혁이 절실히 필요한 이때, 규장에서 토저의 강력한(Mighty) 메시지들을 'A. W. 토저 마이티(Mighty) 시리즈'로 출간한다.

"토저의 설교는 설교단에서 발사되어 청중의 마음을 관통하는 레이저 광선과 같다." – 워런 위어스비

THE
WISDOM OF GOD

하나님의 지혜는 지식으로 얻을 수 없다

A. W. 토저 지음 | 이용복 옮김

규장

CONTENTS

영문판 편집자의 글

1 하나님의 선물, 지혜
P·A·R·T

1장	영원한 지혜가 있다	12
2장	하나님의 지혜, 예수 그리스도	24
3장	위로부터 부어지는 지혜	36
4장	영원한 지혜가 주는 교훈들	46
5장	하나님 지혜의 능력 안에 서라	58
6장	무엇과도 바꿀 수 없는 지혜	71
7장	지혜를 담는 그릇이 되라	80
8장	어디에서 지혜를 찾겠는가	92

2 영원한 지혜를 갈망하라
P·A·R·T

9장	하나님의 지혜가 나타나다	102
10장	피조세계에 부어진 하나님의 지혜	110
11장	지혜로 삶의 변화를 경험하라	118
12장	하나님의 영광을 아는 빛	129
13장	온전히 뛰어난 지혜를 찾으라	137
14장	회개하는 마음에 주시는 무한한 기회	150
15장	현실 속에 나타나는 하나님의 지혜	157
16장	하나님의 지혜가 주는 경고	169

3 지혜의 부름에 응답하라
P·A·R·T

17장 우리에게 외치는 태고의 지혜	180
18장 미련함에서 지혜로 돌이키라	189
19장 돌아오라 부르는 지혜의 음성	201
20장 지혜의 음성은 선택을 요구한다	209
21장 지혜가 이끄는 선한 길을 따르라	219
22장 지혜의 옳음을 증거하는 사람들	229
23장 절대적이고 완전한 하나님의 지혜	241

영문판 편집자의 글

하나님의
지혜와 동행하는 삶에
승리가 있다

이 책에서 토저는 우리가 아주 진지하게 생각해 보아야 할 질문을 하나 던진다.

"철저히 제한된 지혜 밖에 갖지 못한 인간이 자기 삶의 모든 것을 결정하겠다고 고집 부리는 것은 어찌된 일인가?"

이런 고집에 사로잡힌 사람은 대부분의 경우에 잘못된 결정을 내린다. 많은 사람들은 우리가 모르는 '모르는 것들'이 우리의 삶을 망쳐버릴 수 있고, 또 실제로 망치고 있다는 것을 깨닫지 못한다. 이런 사람들은 자기가 모든 것을 알고 있기 때문에 자기와 주변 사람들의 삶에서 모든 결정을 내릴 자격이 있다고 믿는다. 그러나 이것은 미련한 자의 오만이다. 영적 생활에서는 더욱 그렇다.

그렇기에 토저는 우리에게 "먼저 하나님을 찾으라!"라고 권면한다. 오직 하나님의 지혜만이 절대적이고 무제한적인 지혜이다. 그분의 영원한 신적 지혜를 의지한다면 우리의 삶은 변화될 것이다. 우리의 지혜에 따라 결정했다가 나중에 잘못된 결정임을 알고 후회하는 일이 얼마나 많은가!

토저의 말에 의하면, 우리는 '영감'을 구해야 하는데('영감'이라는 말의 문자적 의미는 '호흡'이다), 영감이란 신적 지혜가 우리의 삶 속으로 들어와 감동을 주는 것이다. 이 세상에 있는 거룩하고 선한 것들은 모두 이 지혜에서 흘러나왔으며, 하나님의 지혜가 신자들의 삶 속에서 성령에 의해 구체적인 현실로 나타난 것이다.

인간의 지혜가 이 세상에 많은 유익을 끼친 것은 의심의 여지가 없는 사실이지만, 인간의 지혜와 지식은 일정한 한계를 넘을 수 없다. 거기에는 한계가 있다. 뚫을 수 없는 천정이 있다.

토저가 크게 우려했던 것은 기독교 지도자들이 오직 하나님의 지혜를 통해서만 이룰 수 있는 것을 인간의 지혜로 이루려고 애쓰는 것이었다. 오늘날에는 인간의 재능과 학식과 경험과 연예오락이 교회를 움직이고 있다. 이런 것들이 인간적 노력으로는 얻을 수 없는 하나님의 지혜 대신 사용되고 있다. 하나님의 지혜는 신자가 예수 그리스도께 순종할 때 주어지는 하나님의 선물이다.

그리스도를 알면 하나님의 지혜를 얻을 수 있다. 이 진리를 더 많이 깨달을수록, 하나님의 손길이 우리의 삶 속에서 우리를 그분의 뜻대로 이끌어가시는 것을 더 많이 보게 될 것이다.

나는 이 책에 실린 토저의 메시지가 1960년대 초에 선포된 것임에도 불구하고 현재의 기독교에 그대로 적용된다는 것에 놀라지 않을 수 없다! 그때의 상황에 적용되었던 것이 지금도 적용된다(물론, 과도한 적용은 피해야 할 것이다).

이 책은 하나님의 지혜를 점점 더 깊이 깨달을 수 있는 길을 보여주는데, 이 하나님의 지혜에 대해서는 저 멀리 히브리인들의 사상에까지 거슬러 올라가 살펴볼 필요가 있다. 이 책의 특이한 점은 토저 박사가 '솔로몬의 지혜서'와 '집회서'라는 외경을 적절히 인용한다는 것이다. 이 두 책은 성경의 66권처럼 성령의 감동으로 기록된 것은 아니지만, 히브리인들의 지혜 교리를 잘 보여준다.

토저는 우리 삶의 영적 순례가 위험으로 가득 찬 길이라고 강조한다. 이 세상의 모든 것들은 하나님과 함께 걷는 사람들을 대적한다. 그러므로 승리하는 그리스도인의 삶을 살고자 한다면 하나님의 지혜의 능력 안에서 살아야 한다.

제임스 L. 스나이더

PART 1

THE
WISDOM OF GOD

—

하나님의 선물, 지혜

1 CHAPTER

영원한 **지혜가 있다**

오, 영원한 지혜이신 하나님! 당신을 영화롭게 할 그 지혜를 오늘 제 마음에 말씀해주소서. 기쁜 마음으로 인간적인 제 지혜를 버리고 당신의 지혜를 의지하오니, 오늘도 인도하시고 이끌어주소서. 제 지혜와 지식의 한계에 막혀 멈추지 않게 하시고, 그 한계를 넘어 당신의 거룩한 존전으로 나아가게 하소서.

이 책에서 다루고자 하는 주제, 즉 '지혜'는 내가 오랜 세월 생각해온 것이다. 나보다 훌륭한 사람이 이 주제에 대해 글을 쓰는 것이 마땅하겠지만, 그런 사람이 나타날 때까지는 나도 최선을 다해 이 주제를 다루려고 한다. 그래야 내 마음의 부담에서 벗어날 수 있을 것 같다. 그리고 누군가가 이 책을 읽고 감동을 받아 이 책의 내용을 더 발전시킨 책이 나오길 간절히 바란다.

나를 매료시키는 지혜는 인간의 지혜가 아니라 '영원한 지혜'이다. 영원한 지혜는 우리 주 예수 그리스도와 관계 있는 것이기 때문이다. 인간의 지혜와 세상의 심리학을 공부해본 나는 그것들의 약점들, 좀 더 정확히 말하면 눈에 금방 띄는 그 한계들을 잘 알고 있다.

모든 문화에는 그 문화의 사람들이 공유하는 독특한 지혜가 있으며, 그 지혜에는 또한 특유의 한계들이 있다. 어떤 문화에서든 간에, 인간의 마음과 상상에서 나오는 지혜에는 한계가 있다.

그러나 내가 '영원한 지혜'라고 부르는 것은 다르다. 이것은 히브리 민족을 통해 계시된 지혜이다. 이 책은 바로 이 부분, 히브리인들의 지혜 사상에 초점을 맞추었다. 히브리인들이 가르친 지혜는 구약성경과 신약성경에 아주 많이 나온다. 시편이나 잠언이나 전도서를 읽으면 하나님의 영원한 지혜를 만나지 않을 수 없다. 히브리인들은 이 지혜에 대해 처음부터 아주 잘 가르쳤는데, 나는 이 책에서 그들의 교훈을 깊이 음미해보려고 한다.

히브리인들이 생각한 지혜

히브리인들은 '창조되지 않은, 태고의 영감(신적 호흡)'이 있다고 믿었는데, 이에 대해서는 다양한 해석이 있었다. 예를 들면 '하나님과 별도로 있는 것', '하나님 자신', '하나님께서 존재하게 하신 것', '신(神)들'과 같은 해석이며, 어떤 때에는 '만물을 존재하게 한 것'이라고 해석되었다.

구약은 영원한 지혜에 대한 교리로 가득 차 있는데, 나는 이것을 히브리적 관점에서 살펴보려고 한다. 특히, 이것이 예수 그리스도 안에서 성취되었다는 관점에서 살펴보려고 한다.

그런데 영원한 지혜의 교리는 구약만의 교리가 아니다. 이 교리는 "태초에 말씀이 계시니라 이 말씀이 하나님과 함께 계셨으니 이 말씀은 곧 하나님이시니라"(요 1:1)라는 요한의 증언에서도 암시된다. 요한의 글은 영원한 지혜에 대한 구약의 교리를 이어받은 것이다.

내가 이 장(章)에서 논하고 싶은 것 중 하나는 '전도서가 기록되기 몇 년 전에 살던 히브리인들은 이 영원한 지혜의 교리에 대해 어떻게 생각했는가' 하는 문제이다. 이 문제에 대해 말하려면, 그리스도께서 오시기 약 천 년 전으로 돌아가야 한다.

대부분의 복음주의적 교파들에서는 별로 알려지지 않았다고 할 수 있는 외경(外經) 중 하나인 '솔로몬의 지혜서'는 히브리인들이 지혜에 대해 무엇을 믿었는지 엿보게 한다. 7장 22-30

절을 보자.

모든 일들을 이루는 지혜가 나를 가르쳤다. 왜냐하면 지혜 안에는 명철의 영이 있기 때문이다. 그 영은 거룩하고, 홀로 하나이며, 여러 측면들을 갖고 있고, 섬세하고, 활력 있고, 명료하고, 더럽지 않고, 분명하고, 상처받지 않고, 선한 것을 사랑하고, 기민하고, 방해받지 않고, 기꺼이 선을 베풀고, 사람들에게 친절하고, 시종여일(始終如一)하고, 신뢰할 수 있고, 근심걱정 없고, 모든 능력을 갖고 있고, 만물을 내려다보고, 온전한 분별력과 순수함과 섬세함을 갖춘 모든 사람들 안에 깃들인다. 지혜는 그 어떤 것보다 더 많이 움직인다. 순수하기 때문에 만물 중 그 어떤 것에라도 스며들 수 있다. 하나님의 능력의 숨결이며, 전능자의 영광에서 흘러나오는 순수한 영향력이다. 그러므로 더러운 것은 지혜와 짝이 될 수 없다. 지혜는 영원한 빛의 밝음이고, 하나님의 능력의 흠 없는 거울이고, 그분의 선하심의 형상이다. 지혜는 혼자이지만 모든 것을 할 수 있고, 자신은 전혀 변하지 않으면서 만물을 새롭게 한다. 모든 세대들에서 지혜는 거룩한 영혼들 안으로 들어가 그들을 하나님의 친구와 선지자로 만든다. 하나님은 지혜와 동거하는 사람만을 사랑하신다. 지혜는 태양보다 아름답고, 모든 별 무리 위에 뛰어나다. 빛과 비교하자면, 지혜가 빛보다 앞선다. 왜냐하면 빛은 밤에게 자리를 내어주지만, 지혜는 악을 누르고 승리할 것이기 때문이다.

이 글을 인용하는 것은 이 글이 잠언이나 전도서처럼 성령의 감동으로 기록되었다고 믿기 때문이 아니다. 찰스 스펄전이나 성 어거스틴 또는 성경을 연구한 사람들의 글을 인용하듯이 이 글을 인용한 것이다. 분명히 말하지만, 성경 66권만이 하나님의 감동에 의해 기록되었다. '솔로몬의 지혜서'는 성경의 66권에 들지는 않지만 히브리인들의 지혜의 교리에 대해 중요한 통찰을 제공해준다. 이 책이 중요한 이유는 고대인들이 이 주제에 대해 무엇을 믿었는지를 보여주기 때문이다.

시대의 사상에 물들지 않다

방금 위에서 인용한 '솔로몬의 지혜서'를 주의 깊게 다시 읽어보라. 그리고 이 구절의 언어가 신구약의 몇몇 구절들의 언어와 유사하다는 사실에 주목하라. 특히 25-26절에서 말이다.

지혜는 하나님의 능력의 숨결이며, 전능자의 영광에서 흘러나오는 순수한 영향력이다. 그러므로 더러운 것은 지혜와 짝이 될 수 없다. 지혜는 영원한 빛의 밝음이고, 하나님의 능력의 흠 없는 거울이고, 그분의 선하심의 형상이다.

성경의 교훈과 교부들의 믿음에 의하면 앞에서 인용한 '솔로몬의 지혜서'에 언급된 '영'은 구약의 지혜, 즉 '그리스도'이시다. '지혜'를 의미하는 '소피아'(Sophia)라는 헬라어는 구약을 헬라어로 번역한 책에서 사용되었고, 예수님의 시대에도 사용되었으며, 교부들의 글에도 나타난다.

지혜는 신약에서도 나타난다. 예를 들면 "태초에 말씀이 계시니라"(요 1:1)라는 요한의 글에서 그렇다. 그런데 요한은 기독교를 그 시대의 헬라 사상과 동일시하지 않았다. 다만 하나님께서 말씀해주시는 것을 설명하기 위해 헬라어 단어를 사용했던 것이다. 그가 사용한 '로고스'(logos)라는 단어는 '말씀' 또는 '이성'을 뜻하는 헬라어이다.

많은 자유주의 신학자들은 요한이 플라톤의 영향을 받아 복음서를 썼다고 주장한다. 그들은 초기 기독교가 헬라의 로고스 사상의 영향을 많이 받았다고 주장한다. 헬라의 로고스 사상'은 '하나님의 생각과 말씀하심에 대한 헬라 사상'이라고 달리 표현할 수 있다. 왜냐하면 '로고스'를 단 하나의 단어로만 번역할 수는 없기 때문이다.

그리하여 그들은 기독교를 헬라 사상과 연결 지으려고 시도했고, 바울을 신뢰할 수 없다는 식으로 말했다. 그들은 기독교를 헬라 사상과 동일시하는 성경 기자들만을 신뢰할 수 있다고 주장했다. 그러면서 우리가 오로지 복음서들, 특히 산상

설교를 받아들여 예수의 소박한 교훈으로 돌아가야 한다는 것이 그들의 사상이다.

그들의 사상은 물론 완전히 잘못된 것이다. 요한은 그의 복음서를 쓸 때 기독교를 헬라 사상과 동일시하지 않았다. 요한이 로마가 지배하는 헬라화된 문화 속에서 살았던 것은 사실이지만, 그가 헬라 사상에 대해 알고 있었다고 암시하는 구절은 신약에 단 한 줄도 나오지 않는다.

헬라 사상보다 먼저 있었다

요한의 시대에 팔레스타인은 식민지였다. 요한은 학자가 아니었고 아테네에서 유학하지도 않았다. 당신도 기억하겠지만, 요한과 그의 형제 야고보는 평범한 어부들이었다. 그들은 헬라 사상에 대해 알지도 못했고 공부하지도 않았다. 이 점은 가말리엘 문하에서 공부한 사도 바울과 전혀 다른 점이다. 요한은 말씀에 대한 교리를 구약의 교리와 동일시했을 뿐이다(구약의 교리는 히브리인들의 교리라고 말할 수 있다).

요한은 '창조의 말씀'이라는 구약의 교리에 비추어 예수 그리스도를 이해했다. 이 구약의 교리는 헬라 사상이 아니며, 헬라 사상보다 시기적으로 수천 년 앞선다. 예를 들어, 창세기를 읽어보자.

태초에 하나님이 천지를 창조하시니라 땅이 혼돈하고 공허하며 흑암이 깊음 위에 있고 하나님의 영은 수면 위에 운행하시니라 하나님이 이르시되 빛이 있으라 하시니 빛이 있었고 빛이 하나님이 보시기에 좋았더라 하나님이 빛과 어둠을 나누사 하나님이 빛을 낮이라 부르시고 어둠을 밤이라 부르시니라 저녁이 되고 아침이 되니 이는 첫째 날이니라

창 1:1-5

이 구절에서 알 수 있듯이 영원한 지혜의 음성, 즉 하나님의 창조의 음성은 태초부터 있었다. 그분이 명령하셨을 때 그 명령이 그대로 실행되었다. 그분이 말씀하셨을 때 그 말씀대로 되었다. 만물이 존재하도록 한 것은 하나님의 명령의 음성이었다. 이에 대해 신약의 히브리서는 "그의 능력의 말씀으로 만물을 붙드시며"(히 1:3)라고 증언한다. 피조세계의 모든 것은 이 창조의 음성의 기초 위에 세워져 있다.

우리가 또 생각해보아야 할 것은 '말씀하시는 음성'(the speaking voice)이다. 만물을 계속 붙들고 있는 것은 우주 안에 있는 하나님의 말씀하시는 음성이다. 만물이 그분 안에서 계속 유지되고 있는 것은 만물 자체의 어떤 법칙 때문이 아니라 그분의 음성 때문이다.

사도 요한은 예수 그리스도를 히브리 교리의 '창조의 지혜'와 동일시했는데, 창조의 지혜는 하나님의 입에서 나와 만물을

창조한 음성이다. 요한은 헬라인들이 그의 글을 이해해주기를 간절히 바라는 마음으로 글을 쓰기는 했지만, 창조의 지혜를 헬라 사상과 조금도 연결시키지 않았다.

당신이 교부들의 글을 읽으면, 그들도 창조의 지혜를 믿었다는 것을 알게 될 것이다. 그들은 예수 그리스도가 태고의 신적 영감이 육신으로 오신 분이요, 지극히 밝은 영원한 빛이며, 하나님의 능력의 흠 없는 거울이시라고 믿었다. 그들이 볼 때 예수 그리스도는, 하나님의 선하심이 사람들 안으로 들어가 그들을 그분의 선지자와 친구로 만들어줄 수 있음을 보여주는 표상(表象)이셨다.

그렇다면 무엇이 사람들 안으로 들어가 그들을 선지자로 만들었는가? 성경 말씀의 증언에 의하면, 그것은 '말씀하시는 그리스도의 영'이시다. 시편에는 그리스도의 영이 다윗을 통해 말씀하신 기록들이 많기에 때로는 다윗의 말이 메시아의 말처럼 들리기도 한다. 그 한 가지 예가 "내 하나님이여 내 하나님이여 어찌 나를 버리셨나이까 어찌 나를 멀리하여 돕지 아니하시오며"(시 22:1)라는 말이다. 물론 이 시편을 쓴 것은 다윗이다. 그러나 인간 다윗을 통해 말씀하신 것은 메시아, 메시아의 영, 하나님의 태고의 지혜이시다.

내 머리에 떠오르는 또 다른 성경 말씀은 "빛이 어둠에 비치되 어둠이 깨닫지 못하더라"(요 1:5)라는 구절이다. 어둠이 빛을 이길 수 없다는 것을 생각할 때 우리는 '태고의 영원한 지혜'라는 히브리 교리와 신약성경을 연결 짓게 된다.

신약성경과 연결된 교리

사도 바울은 이 히브리 교리와 신약성경 사이의 연결성 때문에 히브리 교리가 헬라 사상과 다르다고 가르쳤다. 다른 사도들은 그렇게 가르칠 수 없었을지도 모르지만, 바울은 그렇게 가르쳤다. 히브리인의 성경과 헬라 철학을 모두 공부한 박식한 사람이었기 때문이다. 다른 사도들은 구약성경 외의 것을 다룰 수 없는 입장이었지만, 바울은 헬라 사상에 대해 말할 수 있었다.

그는 "유대인은 표적을 구하고 헬라인은 지혜를 찾으나 우리는 십자가에 못 박힌 그리스도를 전하니 유대인에게는 거리끼는 것이요 이방인에게는 미련한 것이로되 오직 부르심을 받은 자들에게는 유대인이나 헬라인이나 그리스도는 하나님의 능력이요 하나님의 지혜니라"(고전 1:22-24)라고 말했다. 또한 "너희는 하나님으로부터 나서 그리스도 예수 안에 있고 예수는 하나님으로부터 나와서 우리에게 지혜와 의로움과 거룩함과 구원함이 되셨으니"(고전 1:30)라고 말했다.

고린도전서 1장에 이어 2장에서도 그는 히브리인들의 메시아 교리와 헬라 사상을 날카롭게 구별한다.

형제들아 내가 너희에게 나아가 하나님의 증거를 전할 때에 말과 지혜의 아름다운 것으로 아니하였나니 내가 너희 중에서 예수 그리스도와 그가 십자가에 못 박히신 것 외에는 아무것도 알지 아니하기로 작정하였음이라 내가 너희 가운데 거할 때에 약하고 두려워하고 심히 떨었노라 내 말과 내 전도함이 설득력 있는 지혜의 말로 하지 아니하고 다만 성령의 나타나심과 능력으로 하여 너희 믿음이 사람의 지혜에 있지 아니하고 다만 하나님의 능력에 있게 하려 하였노라 고전 2:1-5

세상이 담을 수 없는 지혜

사도 바울이 고린도 사람들에게 편지를 쓰고 있던 당시, 학문의 도시였던 고린도에는 철학자와 지식인과 학자가 많았다. 바울은 그들이 어떤 사고방식을 갖고 있는지, 또 그들의 헬라 사상과 히브리인들의 지혜 교리를 어떻게 대조시켜야 할지를 잘 알고 있는 상태에서 이 편지를 썼다.

현재 유행하는 철학의 뿌리가 아무리 오래 되고 고상한 것이라 할지라도, 그 철학과 기독교를 동일시하려고 시도할 때 기독교는 즉시 능력을 잃고 만다는 것을 기억하라. 사도 바울은 이런 식의 동일시를 시종일관 거부했다.

바울은 하나님의 지혜이신 그리스도에 관한 교리가 '로고스'를 단지 '말'이라는 뜻으로 사용하는 헬라 사상과는 전혀 관계 없다는 것을 알았다. 사도 요한과 마찬가지로 바울도 하나님의 로고스, 즉 말씀이 바로 하나님의 지혜라는 것을 깨달았다.

고대 헬라인 중 어떤 이들이 때로 하나님의 로고스에 꽤 가까이 갔었다고 볼 수도 있겠지만, 그들은 그들의 인간적 이성과 논리의 한계에 갇혀 있었다. 반면, 히브리인들이 가르친 지혜는 어떤 문화보다도 큰 것이었기에 어떤 사상 체계 안에 갇힐 수도 없고 설명될 수도 없었다.

지혜가 큰 소리로 외치는데
그 말이 들리지 않을 수 있을까?
하나님의 영원한 말씀의 음성에
귀를 기울이는 것이 가치 없는 일인가?

_ 아이작 왓츠 (Isaac Watts)
〈지혜가 큰 소리로 외치는데〉

2 CHAPTER

하나님의 지혜,
예수 그리스도

오, 그리스도시여! 지극히 영광스런 '옛적부터 항상 계신 이'시여! 제 영혼에 당신의 지혜를 부어주셔서 당신의 뜻대로 당신을 보게 하소서. 제가 거룩한 책을 넘어 당신의 나타나심의 영광으로 인하여 당신을 정확히 보게 하시고, 당신에게 합당한 사랑을 드리게 하소서.

하나님의 지혜에 대한 히브리인들의 교리는 하나님의 지혜를 이해하려는 사람이라면 반드시 알아야 하는 것이다. 이 장(章)에서 나는 예수 그리스도가 '하나님의 지혜'이시며, '육신으로 오신 말씀'이시라는 진리를 다루려고 한다.

어떤 이들은 신약성경의 기자들이 헬라 철학의 기반 위에 세워진 교훈들을 가르쳤다고 믿는다. 그러나 이 하나님의 지혜는 본질적으로 히브리적인 것이지 헬라적인 것이 아니다. 바울은 헬라의 사상을 거부하고 십자가에 못 박히신 예수 그리스도, 즉 메시아를 전한다고 분명히 밝혔다. 바울의 교훈에 의하면, 예수 그리스도는 '영원한 지혜가 만물의 근원'이라고 가르친 고대 히브리 교리의 현실적 실현이셨고, 그분의 일은 금은보석보다 더 귀한 것이었다.

나는 이제 구약의 한 구절을 읽고 신약과 비교하며 이를 살펴보려고 한다. 먼저, 구약을 보자.

> 지혜가 그의 집을 짓고 일곱 기둥을 다듬고 짐승을 잡으며 포도주를 혼합하여 상을 갖추고 자기의 여종을 보내어 성중 높은 곳에서 불러 이르기를 어리석은 자는 이리로 돌이키라 또 지혜 없는 자에게 이르기를 너는 와서 내 식물을 먹으며 내 혼합한 포도주를 마시고 어리석음을 버리고 생명을 얻으라 명철의 길을 행하라 하느니라 잠 9:1-6

이 구절을 신약과 비교해보자.

> 예수께서 다시 비유로 대답하여 이르시되 천국은 마치 자기 아들을 위하여 혼인 잔치를 베푼 어떤 임금과 같으니 그 종들을 보내어 그 청한 사람들을 혼인 잔치에 오라 하였더니 오기를 싫어하거늘 다시 다른 종

들을 보내며 이르되 청한 사람들에게 이르기를 내가 오찬을 준비하되 나의 소와 살진 짐승을 잡고 모든 것을 갖추었으니 혼인 잔치에 오소서 하라 하였더니 마 22:1-4

신약의 구절은 구약 잠언의 구절과 축자적(逐字的)으로 상당히 비슷하다. 이것은 이 지혜의 음성이 사람의 아들들에게 육신으로 오셔서 구약의 의미를 성취해주신 분이 주 예수 그리스도시라는 것을 의미한다! 그분은 단지 교회의 주님과 머리만 되시는 것이 아니다. 그것은 전부가 아니다. 그분은 단지 장차 오실 왕들의 왕, 그리고 세상의 왕이 아니시다. 물론 그분이 장차 오실 왕들의 왕, 그리고 세상의 왕이신 것은 사실이지만, 그것이 전부는 아니다.

그분은 깨우쳐 주시는 분이요, 빛을 비추어주시는 분이며, 다시 살리시는 분이요, 기름을 부어주시는 분이다. 모든 면에서 그분은 히브리 지혜 교리가 분명히 규정하고 있는 지혜의 절대적 성육신이시다.

찬송가에 담긴 지혜의 교리

그렇다면 우리는 어떻게 이것을 이해하고 그 의미를 깨달을 수 있을까? 내가 볼 때, 훌륭한 찬송가책은 최고의 성경주석이다. 간단히 두 사람의 이름만 언급하자면, 아이작 왓츠와 찰스 웨슬리를 들 수 있다. 이들은 지난 반세기 동안 쓰인 어떤 주석보다 더 훌륭한 주석을 제공해주었다. 이들의 찬송가들을 구해서 읽고 연구해보라.

오늘날 많은 사람들이 찬송가를 만든다면서 어떤 소재를 대충 끌어다가 오선지를 메우지만, 이들은 그렇게 하지 않았다. 이들은 깊이 구상(構想)하고 사색하고 보석을 깎아내듯이 정성껏 언어를 다듬어 찬송가를 만들었다. 그들은 성경의 아름다운 구절들을 소재로 찬송가를 썼다. 찰스 웨슬리는 창세기의 첫 부분부터 말라기까지의 핵심 구절들에 대해서 그렇게 했다. 정말 대단한 찬송가들을 썼다! 나는 오늘날 소위 주석이라고 불리는 것들을 읽을 때보다 그의 찬송가들을 읽을 때 더 많은 지식과 빛을 얻게 된다.

나는 그리스도께서 우리를 깨우치는 분이시라는 사실을 강조하고 싶다. 한 가지 예를 들자면, 아이작 왓츠는 그의 찬송가 〈내 창조자를 찬양하리라〉에 "주님은 눈먼 자들에게 시력을 부어주시네"라는 가사를 넣었다. 당신은 이것보다 더 아름다운 것을 상상할 수 있겠는가? 태어날 때부터 앞을 못 보는 사람이 있다고 생각해보자. 하나님이 그 사람에게 시력을 부어주신다. 그분은 시력을 주시는 분이요, 마음을 붙들어주시는 분이요, 깨우침을 주시는 분이다. 그분은 그런 분이시다! 그러므로 "흑암에 앉은 백성이 큰 빛을 보았고 사망의 땅과 그늘에 앉은 자들에게 빛이 비치었도다"(마 4:16)라는 구절은 고대 히브리인들의 영원한 지혜 교리를 반영하고 있다고 해석되어야 한다.

만물을 창조한 지혜는 하나님이셨고, 하나님과 함께 계셨다. 이 지혜로부터 만물이 생겨났고, 이 지혜는 신성(神性)의 모든 속성들을 갖고 있었다. 이것이 구약성경에 나타난 히브리인들의 지혜 교리이다.

내가 발견한 한 가지 사실은 많은 찬송가 작가들이 지혜에게 하나님의 속성들을 부여했다는 것이다. 물론 하나님의 모든 속성들을 부여한 것은 아니지만, 그래도 다른 존재들에게는 결코 부여할 수 없는 속성들을 많이 부여했다.

그들은 지혜를 '거룩하고 유일한 명철의 영'이라고 불렀다. "이스라엘아 들으라 우리 하나님 여호와는 오직 유일한 여호와이시니"(신 6:4)라는 유명한 히브리 교훈에 담긴 의미를 지혜에게 적용했다. 모든 능력을 가지신 하나님의 주권, 만물을 감독하시는 그분의 전능, 모든 것을 아시는 그분의 전지(全知), 그리고 그분의 거룩함을 지혜에게 부여했다.

지혜는 하나님의 능력의 숨결이고, 전능자의 영광에서 흘러나오는 순수한 힘이다. 영원한 빛의 밝음이 지혜에게 있으므로 지혜는 하나님의 능력의 흠 없는 거울이고, 그분의 선하심의 형상이다.

이런 찬송가들을 읽거나 부르면서 히브리인들의 지혜 교리와 온전히 부합하는 주 예수 그리스도를 만나 보라! 감동으로 충만해지지 않을 수 없을 것이다!

하나님의 뜻을 알게 하다

이런 맥락에서 우리가 살펴보면 좋은 신약의 구절은 골로새 교인들을 위한 바울의 기도이다.

"이로써 우리도 듣던 날부터 너희를 위하여 기도하기를 그치지 아니하고 구하노니 너희로 하여금 모든 신령한 지혜와 총명에 하나님의 뜻을 아는 것으로 채우게 하시고"(골 1:9).

이 기도에 담긴 사상은 히브리인들의 지혜 교리와 온전히 일치하며, 또 교회의 위대한 찬송가들에 도도히 흐르고 있다.

지혜와 신령한 총명이 사람을 어떻게 변화시킬까? 지혜와 신령한 총명으로 충만한 사람이 싸구려 시(詩)를 쓰겠는가? 그래서는 안 될 것이다! 그렇다면 무엇을 할 것인가? 성직자가 입는 길고 낙낙한 옷을 입고 어슬렁거리며 세상을 멀리하거나, 수도원의 회랑(回廊)이나 상아탑을 도피처로 삼을 것인가? 절대로 그렇지 않을 것이다!

그렇다면 하나님의 태고의 지혜가 사람의 마음에 부어지는 목적은 무엇인가? 오래전에 지혜의 사람은 그것이 우리를 하나님의 친구로 만들기 위한 것이라고 말했다. 바울도 그랬다.

주께 합당하게 행하여 범사에 기쁘시게 하고 모든 선한 일에 열매를 맺게 하시며 하나님을 아는 것에 자라게 하시고 그의 영광의 힘을 따라 모든 능력으로 능하게 하시며 기쁨으로 모든 견딤과 오래 참음에 이르게 하시고 골 1:10,11

바로 이것이 하나님과 동행하는 사람에게 신적 지혜가 부어지는 실제적 목적이다.

그런데 여기서 내가 지적하지 않을 수 없는 것은 신적 지혜가 부어지는 일은 일 년에 한두 번 하는 행사 같은 것이 아니라는 것이다. 이것은 특별한 경우에 모차르트의 곡을 하나 꺼내어 친구들에게 연주해주고 그 다음 번 연주 때까지 처박아 두는 것과 다르다. 이것은 실제적이고 현실적이며 건강한 것이다. 당신은 지혜의 음성을 들을 수 있는데, 그 음성에는 어떤 의미가 분명히 담겨 있다. 우리에게 이해력과 깨달음만 있다면, 이 지혜는 그리스도의 교회 전체에게 큰 의미를 갖는다.

지혜는 깨끗한 그릇에 담긴다

다시 '솔로몬의 지혜서'의 한 구절을 인용해보자.

"지혜는 사악한 영혼 안으로 들어가지 않고, 죄에 사로잡혀 있는 몸 안에 거하지 않는다"(1:4).

그렇다! 지혜는 사악한 영혼 안으로 들어가지 않고, 죄에 사로잡혀 있는 자를 만나주지 않으며, 오직 깨끗한 사람에게만 부어진다고 이 고대의 지혜는 가르친다. 지혜는 내면의 마음과 외부의 몸이 모두 깨끗한 사람에게만 부어진다.

사도 바울이 골로새의 신자들에게 부어지기를 바라며 기도했던 이 신적 영감이 우리에게 주어지려면 우리의 안과 밖이 모두 깨끗해야 한다. 윌리엄 카우퍼(William Cowper, 1731~1800. 영국의 시인이며 찬송시 작가)도 그렇게 말했다.

"지혜와 선함은 쌍둥이로 태어난다. 하나의 마음이 두 자매를 모두 품어야 한다. 이 둘은 떼어놓고 보아서는 안 된다."

당신의 마음 안에 지혜를 품으려 한다면 그것의 자매인 선함도 함께 품어야 한다. 지혜와 선함은 쌍둥이다. 한 마음이 두 자매를 모두 품어야 하며, 이 둘을 별개로 보면 안 된다.

주님이 사람을 속량하여 구원하시는 것은 그가 지옥을 피할 뿐만 아니라 결국 천국에 가도록 그를 구별하시는 것이다. 사망의 다리를 건넌 후 지옥을 피하는 것만을 목표로 삼고 발버둥치는 사람들의 충격적인 모습은 아주 비극적인 것은 아닐지라도 우스꽝스럽다. 하나님의 속량의 목적은 우리를 지옥에서 건질 뿐만 아니라 천국까지 인도하는 것이다.

우리가 죄에서 구원받은 것은 구원의 소극적 측면이다. 구원의 적극적 측면은 거룩해지는 것이다. 우리는 지옥에서 건짐 받을 뿐만 아니라 천국에 이르러야 한다. 마귀에게서 벗어나야 할 뿐만 아니라 그리스도에게 가야 한다. 그때에야 비로소 하나님의 구원이 완전해진다.

성경의 가르침에 의하면, 그리스도인은 그리스도를 따르는 자들이다. 즉 이 세상에 와서 "내가 선지자나 현인이나 선견자처럼 하나님과 동행한 사람들의 옛 가르침을 성취하노라"라고 선포하신 분을 따르는 자들이다. 또한 우리는 "내가 태초에 아버지와 함께 있었고, 내 품에서 모든 지혜와 지식과 빛이 흘러나왔다"라고 주장하신 분을 따르는 자들이다.

예수님은 조금도 저주함 없이 "내가 세상의 빛이다"라고 말씀하셨다. 선지자의 말을 인용하실 때에는 "지혜가 말했다"라고 주저 없이 말씀하셨다. '지혜'라는 단어를 사용하셨고, "나를 보라. 너희가 보는 것은 저 태고의 영감, 하나님의 태고의 호흡, 태고의 말씀이다"라고 확실하게 말씀하셨다.

박사학위를 몇 개씩 가지고 있는 박식한 사람이라도 이것을 알지 못할 수 있다. 그런 사람은 내가 앞으로 쌓게 될 지식보다 더 많은 지식을 갖고 있을 수 있지만, 세상의 교육과정을 통해서는 도저히 알 수 없는 것들이 있다. 그가 예수님을 알지 못하면 아버지와 함께 계셨던 분, 즉 창세전에 다름 아닌 그리스도로 서 있었던 저 태고의 지혜를 알 수 없다.

그러므로 그는 육신으로 와서 속죄를 이루고 부활하신 분을 만나는 신생을 체험해야 한다. 이것만이 고대 히브리인들이 가르친 저 영원한 지혜가 그의 삶 속으로 들어올 수 있는 유일한 방법이다.

더 알기 위해 힘쓰라

나는 찰스 스펄전의 설교를 읽는 중에 아주 흥미로운 말을 발견했다. 그는 "어떤 사람이 갈보리의 그림자가 드리운 산비탈에 집을 짓고 산다면 고대의 7대 현인보다 더 지혜로워질 것이다"라는 취지로 말했다. 우리가 세상에서 가장 머리 좋은 사람들 앞에 서서 변명이나 해명을 할 필요는 없다. 우리가 해명해야 할 것은 오직 우리의 죄이다.

우리가 죄를 깨닫고 회개함으로 주님이 우리의 죄를 치워주신다면, 우리는 천사들만큼 지혜로워질 것이고 하나님의 보좌 앞에 있는 스랍들만큼 분별력 있고 현명해질 것이다. 저 태고의 지혜의 영감을 얻게 되기 때문이다.

히브리인들이 가르친 이 영원한 지혜는 우리에게 수학, 과학, 화학 또는 영문학을 가르쳐주지 않는다. 이런 것들은 인간의 지혜의 한계 안에 머문다. 이 영원한 지혜는 이런 것들보다 더 광대하고 더 지혜롭고 더 크고 더 강한 것을 가르쳐준다. 당신에게 세례를 주어 저 빛, 저 놀라운 빛 안으로 들어가게 할 것이다. 이것은 하나님의 능력의 호흡이요, 전능자의 영광에서 흘러나오는 순수한 힘이다. 이 지혜는 지극히 밝은 영원한 빛이요, 하나님의 능력의 흠 없는 거울이요, 그분의 선하심의 형상이다.

내 소원은, 내가 세상에서 가장 큰 교회의 목회자가 되어 온 세상에 이름을 날리는 것보다 이 빛을 내 영 안에 충만히 받는 것이다. 세상에서 유명해지는 것은 인간의 지혜를 잘 활용하면 누구라도 될 수 있는 것이다. 하지만 내가 원하는 것은 인간의 지혜를 넘어 영원한 지혜, 즉 오로지 위로부터 내려오는 영감을 체험하는 것이다.

그러므로 사도 바울은 "내가 그리스도와 그 부활의 권능과 그 고난에 참여함을 알고자 하여"(빌 3:10)라고 말했다. 이런 마음의 소원이 있었기에 그는 그리스도를 더욱 알기 위해 힘써 달려갔다. 그렇게 하는 것은 모든 것의 근원으로 돌아가는 것이다.

오직 하나님만이
영원히 죽지 않으시고
눈에 보이지 않으시며
지혜로우십니다.
우리의 눈에 숨겨져
가까이 가지 못할 빛 안에 계십니다.
옛적부터 항상 계신 분이시여!

지극히 거룩하시고
지극히 영광스러우시며
전능하신 승리의 하나님이시니
당신의 이름을 찬양합니다.

_ 월터 C. 스미스 (Walter C. Smith)
〈오직 하나님만이〉

3 CHAPTER

위로부터
부어지는 지혜

오, 지혜시여! 육신으로 오신 그리스도시여! 당신을 기쁘게 해드리겠다는 소원으로 저를 채우시고, 제 주변에 당신의 놀라운 은혜를 보여주소서. 오늘의 제 삶이 영원한 지혜의 영광을 되비치게 하시고, 유한한 제 지혜와 지식에 만족하지 않게 하소서.

구약과 고대 히브리 문학에는 '영원한 지혜의 교리'라는 사상이 있다. 이 히브리 사상은 "저기 어딘가에 하나님이 계시다. 그리고 하나님과 함께, 하나님 옆에 하나님이신 분이 계신데 이분은 말씀과 관념과 개념과 표현의 지혜로 충만한 분이시다"라고 말한다. 다윗은 이것을 아주 잘 표현했다.

여호와의 말씀으로 하늘이 지음이 되었으며 그 만상을 그의 입 기운으로 이루었도다 시 33:6

여기에는 히브리인들의 지혜 개념이 잘 나타나 있다. 이 개념은 하나님께서 모든 것을 손으로 만드셨다는 사상과는 완전히 다른 것이다. 다윗이 이 시편을 쓴 것은 그리스도께서 탄생하시기 약 천 년 전이었다. 잠언과 전도서도 이 시편에 나타난 다윗 사상과 똑같은 개념을 말하는데, 이 개념은 만물을 낳은 저 영원한 지혜에 대한 개념이다.

만물을 낳은 영원한 지혜

그리스도께서 오시기 약 1,900년 전에 쓰인 욥기에서도 욥이 영원한 말씀(영원한 지혜)의 교리를 믿은 것으로 나온다(대부분의 사람은 욥기가 성경의 책들 중 가장 오래 된 책이라고 생각한다). 구약에 나오는 영원한 지혜에 대한 교훈은 신약성경의 교훈과도 일치한다.

그리스도께서 태어나시기 천 년 전에 솔로몬은 영원한 지혜의 교리를 믿었고, 잠언과 전도서에서 이 지혜에 대해 말했다. 영원한 지혜에 대한 구약의 교훈에 의하면 창조적 충동이 있었고, 하나님께서는 개념, 즉 생각을 갖고 계셨으며, 여기서 모든 것이 나왔다.

> 여호와의 말씀이니라 너희를 향한 나의 생각을 내가 아나니 평안이요 재앙이 아니니라 너희에게 미래와 희망을 주는 것이니라 렘 29:11

> 이는 내 생각이 너희의 생각과 다르며 내 길은 너희의 길과 다름이니라 여호와의 말씀이니라 사 55:8

히브리 교훈에 의하면 아들과 함께 있었던 이 영원한 지혜는 창조되지 않은 샘이며 만물의 근원이다. 랍비들, 고대의 교부들, 그리고 성경을 연구한 하나님의 사람들은 이것을 믿었다. "태초에 말씀이 계시니라"(요 1:1)라는 요한의 증언은 헬라인의 사상이 아니라 히브리인의 사상에서 나온 것이다.

영원한 지혜의 교훈이 구약과 신약에서 일관되게 나온다는 사실은 하나님의 손길을 우리에게 보여준다. 하나님은 우리에게 영원한 지혜의 교훈을 가르쳐주기 원하신다. 그분은 이 피조 세계에게 나누어주기 원하신다. 사도 바울도 이를 가르친다.

> 그는 보이지 아니하는 하나님의 형상이시요 모든 피조물보다 먼저 나신 이시니 만물이 그에게서 창조되되 하늘과 땅에서 보이는 것들과 보이지 않는 것들과 혹은 왕권들이나 주권들이나 통치자들이나 권세들이나 만물이 다 그로 말미암고 그를 위하여 창조되었고 또한 그가 만물보다 먼저 계시고 만물이 그 안에 함께 섰느니라 골 1:15-17

'영원한 지혜'라는 구약의 교훈이 신약에서 꽃을 피웠다는 것이 바울의 글에서 강하게 암시된다. 이 교훈은 더욱 성숙해져 신약까지 이어졌고, 결국 영원한 지혜이신 예수 그리스도께서는 사람의 형상을 취하여 '죽음을 면할 수 없는 육신'으로 오셔서 사람들 중에서 그분의 뜻을 이루셨다.

나는 예수님이 12세의 어린 나이에 종교 선생들을 꼼짝 못하게 하셨다는 것을 무척 흥미롭게 여긴다. 그분은 그들의 질문에 모두 답하셨지만, 그들은 그분의 질문에 대답하지 못했다.

바울은 "유대인은 표적을 구하고 헬라인은 지혜를 찾으나"(고전 1:22)라고 정곡을 찔러 말한 다음, "그리스도는 하나님의 능력이요 하나님의 지혜니라"(고전 1:24)라고 증언한다. 그렇다! 예수 그리스도 안에는 지혜와 지식의 모든 보화가 숨겨져 있다. 그리스도를 떠나서는 하나님의 지혜에 이를 수 없다. 우리를 하나님의 창조와 속량의 목적에 부합하는 존재로 만들어 줄 수 있는 것이 바로 이 지혜이다.

이 아름다운 교리에 의하면, 옛 신비가들이 '소피아'(Sophia)라고 불렀던 것이 분명히 존재한다는 것이다(소피아는 지혜를 여인에 빗대어 표현한 것이다). 여호와께서는 지혜로 땅에 터를 놓으시고 명철로 하늘을 견고히 세우셨으며(잠 3:19), 그의 지혜로 세계를 세우시고 그의 '분별'로 하늘을 펴셨다(렘 10:12. 개역개정판 한글성경에서는 '분별'이 '명철'로 번역되어 있다 - 역자 주). 예수 그리스도가 하나님의 지혜시라는 것을 믿지 않는 사람은 이를 도저히 이해할 수 없다.

잠언 3장 19절과 예레미야서 10장 12절을 읽고 묵상할 때 내 눈에는 '세 개로 이루어진 한 쌍'이 두 개 보였다. 이 두 말씀에 의하면, '땅-하늘-세계'가 '지혜-명철-분별'에 의해 터가 놓이고 견고히 세워지고 펴졌다.

나는 이것이 삼위일체를 암시하는 것이라고 해석한다. 땅이 지혜에 의해 터가 놓이고, 하늘이 명철에 의해 견고히 세워졌으며, 세계가 분별에 의해 펴졌다는 것이 구약의 교리이다.

욥기나 전도서나 잠언을 읽는 사람은 이 지혜와 명철과 분별이 인격체(人格體)라는 것을 알게 될 것이다. 이 인격체는 구애하여 사랑을 얻어낼 수 있는 존재였다. 이것은 하나님께서 그분의 백성에게 부어주신 그 무엇, 즉 영감이며 거룩한 기름이었다. 표현은 달라지더라도 이것들은 모두 동일한 것을 가리킨다. 다윗은 "여호와의 말씀으로 하늘이 지음이 되었으며 그 만상을 그의 입 기운으로 이루었도다"(시 33:6)라고 말했다.

세상은 지혜를 이기지 못한다

나는 '솔로몬의 지혜서'에 대해 언급하면서, 이 책이 시편이나 잠언이나 이사야서처럼 성령의 감동으로 기록된 것은 아니라고 분명히 말했다. 하지만 '솔로몬의 지혜서'는 우리의 이해를 도와주는 아주 귀한 책인데, 나는 교회의 역사 속에 나타난 교부들의 책을 인용하듯이 이 책을 인용한다. 이 책은 성령의 감동으로 기록되지는 않았지만, 이 지혜의 교리를 히브리인의 관점에서 이해할 수 있도록 도와주는 좋은 책이다. 이 책은 정경(正經)에 포함되지 않는 외경에 속한다.

이 책과 동일한 성격의 책을 언급하자면, '집회서'라는 것이 있다. '집회서'(Ecclesiasticus)를 전도서(Ecclesiastes)와 혼동하지 말라. 그리스도께서 오시기 약 200년 전에 쓰인 '집회서'는 성령의 감동으로 기록된 성경을 연구한 신앙 선조들의 믿음과 교훈을 우리에게 보여준다. 이 책도 역시 외경에 속한다.

'집회서'의 1장 1-4절을 읽어보자.

모든 지혜는 주님에게서 나오고 그분과 영원히 함께 있다. 누가 감히 바닷가의 모래알을, 빗방울 하나하나를, 영원한 날들을 셀 수 있겠느냐? 누가 하늘의 높이를, 땅의 넓이를, 지혜의 깊이를 알아낼 수 있을까? 지혜는 만물보다 먼저 창조되었고, 분별의 지식은 영원부터 창조되었다.

우리는 저 밖의 세상에서 일어나는 일들 때문에 걱정할 필요가 없다. 내가 이렇게 말하는 것은 모든 지혜가 주님에게서 나오고 그분과 영원히 함께 있기 때문이며, 또 "누가 감히 바닷가의 모래알을, 빗방울 하나하나를, 영원한 날들을 셀 수 있겠느냐?"(집회서 1:2)라는 교훈이 있기 때문이다. 세상에서 일어나는 모든 일들은 하나님의 지혜에 전혀 도전이 되지 못한다. 세상이 무슨 짓을 하더라도 하나님의 이 지혜를 조금도 훼손하지 못한다.

예를 들어, 자연으로 나가보자. 야생조류가 봄에는 북쪽으로, 가을에는 남쪽으로 길을 찾아 날아가는 현상이 우리에게는 신기하게 보인다. 오처드 오리올(찌르레기 사촌의 일종)과 미국꾀꼬리가 앞뒤로 리드미컬하게 움직이는 아름다운 둥지를 만드는 어려운 일을 해내는 것은 우리를 놀라게 한다. 우리를 또 놀라게 하는 것은 꿀벌이 목초지를 가로질러 자기의 벌집을 찾아가는 것이다. 이런 것들을 볼 때 우리는 어떤 이들이 '본능'이라고 부르는 것이 얼마나 놀라운 것인지 생각하게 된다.

피조세계가 증거하는 영원한 지혜

나는 하나님께서 그분의 피조물에게 지혜를 부어주셨다고 말하는 성경구절 몇 개를 인용할 수 있다. 벌을 만드신 분의 손이 벌을 만져주셨다고 나는 믿는다. 하나님께서 벌을 만드셨다. 맞다! 그분은 새들도 만드셨다! 그런데 그분은 우리 인간이 주인을 아는 소나 자기의 둥지를 아는 새보다 어리석다고 말씀하시면서, "이스라엘은 알지 못하고 나의 백성은 깨닫지 못하는도다"(사 1:3)라고 탄식하신다. 그분의 형상대로 지음 받은 인간은 지혜를 잃어버렸지만, 인간 주변의 다른 피조물에게는 여전히 지혜가 있다.

그러므로 나는 우주에 대해 걱정하지 않는다. 우주에는 아무 문제가 없을 것이다. 하나님께서 우주에 지혜를 부어주셨기에 만물은 제 역할을 충실히 감당하며 잘 돌아갈 것이다. 우주는 그분의 창조질서를 잘 따르고 있다.

그런데 어떤 이들은 이런 사실을 왜곡해서 예수님이 피조물이시라는 해석을 내놓는데, 이런 해석은 완전히 잘못된 것이다. 그분이 제일 먼저 나셨다는 말은 '죽은 자들 가운데서 먼저 나신 이'(골 1:18)시며 '모든 피조물보다 먼저 나신 이'(골 1:15)라는 뜻이다. 그것은 그분의 본질 때문이다. 당신과 나 같은 피조물도 장차 그분을 닮게 될 것이다. 그분의 본질로 인하여 이 세계는 변화되어 그분의 형상을 닮게 될 것이다.

많은 이들은 자기들이 우주의 피조물에 아무 영향을 끼칠 수 없다는 것을 깨닫지 못하기 때문에 우주에 대해 걱정한다. 그러나 우주를 창조할 수 없는 인간은 그 우주를 고칠 수도 없다. 우주를 그것의 창조자이신 하나님께 맡겨드리는 것이 우리가 택할 수 있는 최선의 방법이다.

육신으로 오신 영원한 지혜

영원한 지혜의 교리가 구체적 형태로 나타나신 분이 예수 그리스도이시다. 바로 이 사실 때문에 우리가 영원한 지혜의 교리를 이해하는 것이 그토록 힘든 것이다. 영원한 지혜는 모든 것의 뿌리이며 기초이다. 하나님께서 지혜시라는 것이 고대 히브리 교리이다.

하나님은 사랑이시다!
그분의 자비는 우리가 다니는 모든 길을 밝히 비춘다.
그분은 축복을 깨우시고, 고통을 가볍게 하신다.
하나님은 지혜이시다!
하나님은 사랑이시다!

_ 존 보우링

하나님의 지혜의 성육신이 예수 그리스도이시다. 나는 당신에게 깊게 사색할 것을 권하고 싶다. 마리아가 출산하기 전에, 즉 아기 예수님이 베들레헴의 구유에서 세상을 향해 작은 항의의 울음을 터뜨리시기 전에(이 시간을 가리켜 신학자들은 '성육신 이전 시기'라고 부른다), 예수 그리스도께서 아버지의 지혜였다는 것을 깊이 생각해보라. 그러면 깨달음과 조명과 기쁨, 심지어 황홀함이 당신에게 찾아올 것이다.

   예수 그리스도는 아버지와 본질이 하나이시고, 아버지와 동등하셨으며, 아버지만큼 오래 전부터 계셨고, 아버지처럼 영원하시며, 아버지의 모든 속성들을 가지셨다. 그분은 아버지의 발현(發現)이시요, 아버지의 나타나심이시다. 이것에 대해 요한은 "태초에 말씀이 계시니라"(요 1:1)라고 증언한다.

> 하나님께서 산을 만드시거나
> 결실이 풍부한 언덕을 일으키시기 전에,
> 졸졸 흐르는 실개천에 물을 대주는
> 샘을 채우시기 전에,
> 불가사의한 '스스로 있는 자'께서는
> 결코 줄지 않는 기쁨을
> 영원 전부터 내 안에서 발견하셨나니,
> 내 이름은 지혜니라.
>
> _ 윌리엄 카우퍼 (William Cowper)
> 〈하나님께서 산을 만드시기 전에〉

4 CHAPTER

영원한 지혜가 주는
교훈들
—

오, 영원한 지혜이신 하나님! 저를 창조하신 목적을 제가 받아들이게 하소서. 당신이 그토록 원하시는 감사와 찬양이 제 삶에서 흘러나오게 하소서. 당신의 아들 주 예수 그리스도의 지혜에 힘입어 제 삶을 살아가게 하소서.

헬라어를 연구하는 사람들은 요한의 말들을 번역하느라고 진땀을 흘린다. 헬라어 단어들의 일반적 의미를 훨씬 초월하는 의미가 요한의 헬라어에 담겨 있기 때문이다. 요한을 이해하려면 '성화(聖化)된 상상력'을 많이 발휘해야 한다. '성화된 상상력'을 갖지 못한 오늘날의 많은 사람들은 각주의 설명에 만족해야 한다. 이것이 그들의 한계이다.

 이 영원한 지혜의 교리에 대해 깊이 생각할 때 얻을 수 있는 교훈은 무엇일까? 이 지혜의 교리가 오늘날의 기독교에게 어떤 영향을 끼칠까? 만일 이것이 현재의 내 삶에 영향을 주지 않는다면 아무 가치가 없을 것이며, 내가 이 교리를 묵상하는 데 시간을 투자할 필요도 없을 것이다.

탈지옥이 최종 목적은 아니다

 우리는 기독교를 저급하게 만들어버렸다. 기독교를 죄와 지옥에 대비하는 일종의 '값싼 백신'으로 만들어버렸다는 말이다. 우리는 사람들을 불러 모아 종교적 주삿바늘을 꽂아주며, "당신이 예수님을 영접하기만 하면 죽어서 지옥에 가지 않고 천국에 갈 것입니다. 당신이 할 수 있는 한 최선을 다해 잘 사십시오. 그 후 죽으면 천국에 갈 것입니다"라고 말한다. 많은 이들이 지금 전하고 있는 것을 가리켜 나는 '구명정(救命艇) 구원'이라고 부르고 싶다. 안타깝게도, '구명정 구원'이라는 개념은 많은 기독교 음악에도 나타나고 있다.

 분명히 말하지만, 이것은 기독교를 충분히 전하는 개념이 아니다. 하나님께서 인간을 속량하신 목적은 단지 지옥을 면하게 해주시는 것이 아니다. 인간이 새로 태어나 저 영원한 지혜를 알고 하나님을 예배하는 것이 그분의 속량의 또 다른 목적이다. 아버지와 함께 계셨던 '영원한 지혜'는 아버지와 함께 계셨던 '영원한 생명'과 동의어이다. 이 영원한 생명이 사람들에게 계시되었다.

사도 요한이 쓴 놀라운 구절 중 하나는 요한일서 1장 1-3절이다.

> 태초부터 있는 생명의 말씀에 관하여는 우리가 들은 바요 눈으로 본 바요 자세히 보고 우리의 손으로 만진 바라 이 생명이 나타내신 바 된지라 이 영원한 생명을 우리가 보았고 증언하여 너희에게 전하노니 이는 아버지와 함께 계시다가 우리에게 나타내신 바 된 이시니라 우리가 보고 들은 바를 너희에게도 전함은 너희로 우리와 사귐이 있게 하려 함이니 우리의 사귐은 아버지와 그의 아들 예수 그리스도와 더불어 누림이라 요일 1:1-3

성령께서는 이 하나님의 사람을 통해 거룩하고 행복한 사귐, 빛과 생명, 그리고 말씀(the Word)에 대해 언급하셨다. 이 말씀은 생명이었고, 이 빛은 사람들의 빛이었으며, 그분 안에 생명이 있었다. 이것을 당신에게 보여줄 수 있는 분은 오직 성령이시다. 이것을 깊이 묵상하면 마음이 열려 기독교가 무엇인지를 깨닫게 될 것이다.

태고의 지혜이신 그리스도

이 영원한 지혜는 우리 주 예수 그리스도 오직 한 분이신데, 이 사실이 우리의 마음에 감사와 감동을 불러일으킨다. 세뇌를 당해 정상적 사고를 할 수 없는 사람이 아니라면, 이것을 알고도 어찌 감사와 감동이 생기지 않을 수 있겠는가? 헬라인들은 이 영원한 지혜를 찾으려고 애썼지만 찾을 수 없었다. 바울은 사도행전 17장 22-24절에서 그 이유를 설명한다.

> 바울이 아레오바고 가운데 서서 말하되 아덴 사람들아 너희를 보니 범사에 종교심이 많도다 내가 두루 다니며 너희가 위하는 것들을 보다가 알지 못하는 신에게라고 새긴 단도 보았으니 그런즉 너희가 알지 못하고 위하는 그것을 내가 너희에게 알게 하리라 우주와 그 가운데 있는 만물을 지으신 하나님께서는 천지의 주재시니 손으로 지은 전에 계시지 아니하시고 행 17:22-24

내가 볼 때, 기독교 설교자가 위대한 철학자들과 고대 종교들에 대해 적의(敵意)를 품고 깎아내리며 비난하는 것은 매우 적절치 못한 행동이다. 위대한 철학자들은 그들의 삶 속에서 나름대로 최선을 다했다. 솔직히 말해서, 지금 우리가 그들처럼 최선을 다해 살고 있다고 말할 수 있을까 하는 의구심이 내게 생긴다.

최선을 다해 성실히 노력한 철학자의 예를 들자면, 주전 600년 경에 살았던 에베소의 헤라클레이토스(Heraclitus of Ephesus: 에베소 출신으로서 소크라테스 이전의 헬라 철학자)를 말할 수 있다. 그는 아마도 솔로몬이나 잠언에 대해 들어보지 못했을 것이고, 평생 시편을 한 줄도 읽지 않았을 것이다. 하지만 지극히 높으신 분을 동경하고 찾아가는 깊은 사색 중에 그는 '만물의 근원으로서의 말씀'과 '영원한 생명'이라는 개념을 발견했고, 헬라인들에게 '말씀의 교리'를 가르쳤다. 이 교리는 플라톤 같은 철학자들에 의해 완성에 이르게 된다.

그러나 최선의 노력에도 불구하고 그들은 육신으로 오실 예수 그리스도 안에서 성취될 저 영원한 지혜를 발견하지는 못했다.

인간적 노력으로 말할 것 같으면 유대인은 의를, 헬라인은 지혜를, 종교인들은 속량을 추구했다. 그러나 바울은 예수님을 전했고, 그들을 위한 아름다운 소식이 있다고 말하면서 "내가 너희에게 전하는 이 예수가 곧 그리스도라"(행 17:3)라고 선포했다. 헬라어 학자들에 의하면, 그리스도께서 "우리에게 지혜와 의로움과 거룩함과 구원함이"(고전 1:30) 되셨다는 것이 바울의 메시지이다. 그렇다! 바울은 예수 그리스도께서 우리의 지혜, 우리의 의로움, 우리의 거룩함, 그리고 우리의 속량이시라고 증언한 것이다.

우리는 이분을 가리켜 '태고의 지혜'라고 부른다. 이 태고의 지혜를 헬라인들과 히브리인들은 '창조되지 않았지만 또 어떻게든 창조된 존재'라고 말했다. 그런데 이 알쏭달쏭한 말보다 더 이해하기 힘든 말은 "이 말씀이 하나님과 함께 계셨으니 이 말씀은 곧 하나님이시니라"(요 1:1)라는 성경구절이다. '말씀이 하나님과 함께 계셨다'라는 것과 '말씀이 하나님이셨다'라는 것 중에서 어느 것이 맞는가?

둘 다 맞다! 그러므로 우리는 "동일한 진리가 지혜의 샘(만물의 모태)이 있었다는 고대의 사상에도 그대로 적용된다"라고 말할 수 있다. 나는 지적으로 여러 가지 혼란들에 빠지거나 이 세상에 대해 걱정하지 않고도 믿음으로 세상을 살아갈 수 있다. 세상이 조화롭게 만들어졌기 때문이다.

무엇을 배울 것인가

그렇다면 이런 사실이 오늘날 우리의 삶에 어떤 영향을 주게 될까? 이 모든 것에서 우리는 무엇을 배워야 할까?

1. 모든 존재는 영으로부터 나왔다

루크레티우스(Lucretius, B.C. 99~55. 로마의 시인, 유물론 철학자)는 유명한 그의 책 《사물의 본질》(the Nature of Things)에서 "원자라는 것이 있는데 이것은 마치 주사위처럼 작고 단단한 사각(四角) 덩어리이다. 모든 사물은 이 작은 사각 물체로 구성되어 있다"라고 말했다. 내가 아는 한, 그는 원자의 개념을 최초로 대중화한 사람이다.

그런데 약 이천 년 후에 사람들은 루크레티우스가 틀렸다는 것을 알게 되었다. 모든 사물이 원자로 구성되어 있다는 말은 옳지만, 원자가 다이아몬드처럼 단단한 사각 덩어리라는 말은 틀렸다. 이 점에서 그가 틀린 이유에 대해 현대의 과학기술은 "이 작은 덩어리는 단단하지 않으며, 작은 조각의 형태로 존재하는 에너지일 뿐이다. 원자를 계속 분해하면 결국 아무것도 남지 않는다"라고 말한다.

여기서 알 수 있듯이, 현대의 원자개념은 "만물은 성령으로부터 나왔다. 만물의 근원을 찾아 끝까지 거슬러 올라가면 결국 성령에 이르게 된다"라고 말하는 구약의 창조사상과 완벽하게 맞아떨어진다. 사물은 근본적으로 영적인 것이다.

지구는 영(靈)이 그 위에서 운행하고 있는 단단한 물체가 아니다. 지구는 영으로부터 나왔다. 존재하는 모든 것들은 영으로부터 나왔다. 더욱 놀라운 것은 우리가 하나님이라고 부르는 저 영원한 영께서 인간의 모습을 취하여 육체로 오시어 사람들 가운데 사셨다는 것이다. 그분은 학교를 다니신 적이 없지만 사람들을 깜짝 놀라게 할 정도로 지혜로우셨다.

2. 영원한 지혜가 만물의 근원이다

이 영원한 지혜는 만물의 근원이며, 인간은 몸을 입고 있는 영이다. 인간은 영을 갖고 있는 몸이 아니라 몸 안에 들어 있는 영이다.

당신은 당신 자신에 대해 어떻게 생각하는가? 당신을 둘러싸고 있는 껍질이 당신이라고 생각하는가? 성경은 그렇게 가르치지 않는다. 성경은 우리가 몸 안에서 살고 있는 영이라고 가르친다. 얼마나 큰 차이인가! 만일 내가 영을 가진 몸이라면 내 몸에 대해 염려하면 될 것이다. 하지만 나는 하나님의 형상으로 만들어진 영이다. 하나님은 영이시고, 나를 영으로 만드셨으며, 내가 이 몸 안에서 얼마 동안 살도록 만드셨다.

우리의 몸을 가리켜 '진흙으로 만든 성전'이라고 말한 사람이 윌리엄 제닝즈 브라이언(William Jennings Bryan, 1860~1925. 미국의 연설가이자 정치인)이라고 나는 기억하는데, 그는 정말 정곡을 찌른 것이다. 당신의 위대한 점은 당신의 몸이 아니다. 당신이 살고 있는 집이나 당신이 몰고 다니는 자동차도 아니다. 감탄을 자아낼 정도로 멋지고 아름다운 점을 당신에게서 찾자면, 그것은 당신의 영이다.

하나님은 천사를 영으로 만드셨고, 다른 모든 것들은 육체로 만드셨다. 하지만 그분이 육체와 영을 결합시켜 인간을 '육체의 장막 안에 거하는 영'으로 만드셨기 때문에 인간은 다른 어떤 피조물보다 더 위대하다. 만물이 영으로부터 나왔다는 것과 예수 그리스도께서 육체로 오셨다는 것을 명심하라. 그분은 저 영원한 지혜이시며, 인간은 몸을 입고 있는 영이다.

바로 이 사실 때문에 당신은 귀한 존재가 된다. 이 사실을 기준으로 삼을 때 우리는 무엇이 귀중하고 무엇이 귀중하지 않은지를 분별할 수 있게 된다. 우리에게 어려움이 생기는 것은 무엇이 정말로 가치 있는지를 모르기 때문이다.

진정한 가치를 붙들라

'말씀이 육신이 되셨다'라는 진리는 우리가 누구인지를 잊지 말라고 경고한다. 이 진리는 우리가 동물처럼 살 때 우리를 꾸짖는다. 하나님께서 두 가지 세계를 만들어놓으셨음에도 불구하고 하나의 세계만 있는 것처럼 살 때, 그분이 우리를 영원한 존재로 만들어놓으셨음에도 불구하고 오직 이 땅의 것들만을 위해 살 때 우리를 꾸짖는다.

솔로몬은 잠언에서 "이익을 탐하는 모든 자의 길은 다 이러하여 자기의 생명을 잃게 하느니라 지혜가 길거리에서 부르며 광장에서 소리를 높이며"(잠 1:19,20)라고 말한다. 이 말씀이 바로 예수님의 음성이며 성령의 음성이다(잠 1:21-27).

이 지혜는 우리가 동물이 아니라고 가르친다. 하나님은 우리를 영으로 만드셨고, 영이 들어가 살 수 있는 몸을 주셨다.

이 몸은 우리의 영을 이리저리 끌고 다니도록 하기 위한 것이다. 우리가 동물인 것처럼 산다면, 오직 이 땅에만 속한 존재인 것처럼 산다면 그것은 영에 대한 모욕이다.

세상 사람들의 특징은 죽는 순간까지 재물에 대해 염려하고 걱정한다는 것이다. 그들의 자동차, 또는 자동차의 뒷문이 얼마나 큰지에 대해 생각하며 돌아다닌다. 영원하지 않은 것들, 즉 옷이나 외모 같은 것들에 집착하며 살아간다.

나는 우리가 대머리수리처럼 되지 않고 비둘기처럼 되도록 하나님께서 도와주시기를 바란다. 하지만 불행하게도 우리는 비둘기처럼 구구 소리를 내며 높이 솟아오르지 못하고 대머리수리처럼 쓰레기 더미를 파헤치고 있다. 이렇게 된 원인은 기독교를 인간의 이성과 논리로만 해석하기 때문이다. 우리는 물질주의적 신학의 칼을 휘둘러, 그리고 물질에 집착하는 우리의 철학의 칼을 휘둘러 기독교의 뿌리를 잘라냈다.

오늘밤 마당에 나가 하나님의 별들을 올려다보며 이렇게 말하라.

"나는 영원한 우주의 일부이다. 영원한 시간이 내게 허락되지 않았다는 착각에 빠져 지혜의 음성을 외면하는 잘못을 범하지 말라. 하나님께서 내 마음 안에 영원을 심어주셨기 때문이다. 내가 오직 이 땅에서만 살고 끝나는 존재라는 착각에 빠지지 말라. 하나님께서 또 다른 세상에서 살도록 나를 만드셨기 때문이다. 내가 육체의 사람이라는 오류에 사로잡히지 말라. 나는 영의 사람이기 때문이다. 나는 영원을 위해 지음 받은 사람으로서 지혜의 음성에 응답할 것이다."

우리는 하나님의 형상으로 만들어졌고, 의식(意識)을 가진 개별적 존재로 영원히 살아가야 할 운명을 타고 났다. 하나님께서는 우리를 '영원한 지혜'라는 태고의 모태로부터 태어나게 하셨고, 그 영원한 지혜가 인간의 몸으로 오게 하셨으며, 우리를 위해 십자가에서 죽게 하셨다.

《천로역정》을 쓴 존 번연은 죄의 자각이 어떤 것인지에 대해 자신의 체험에 근거하여 설명해준다. 성령께서 그에게 죄를 깨닫게 해주셨을 때의 체험은 너무나 강력해서 그를 압도해버렸다.

번연은 기독교를 믿는 것이 오늘날만큼 편하지 않았던 시대에 살았다. 그는 자기가 지옥에 갈 것이라고 확신할 정도로 극심한 죄의식에 시달렸다. 어느 날 깊은 절망감에 빠져 길을 걷고 있을 때, 개 한 마리가 걸어가는 것을 본 그는 하나님께 "오, 하나님! 제가 저 개라면 좋겠습니다. 저 개는 죽으면 없어지지만 저는 죽어서 당신께 심판을 받아야 합니다"라고 소리쳤다.

그로부터 오래 되지 않아 하나님은 그를 바로잡아 구원해 주셨다. 우리는 "나는 예수님을 내 구주로 믿습니다"라고 말하기만 하면 구원을 얻는다는 생각을 버려야 한다. 하나님의 지혜가 사람의 생명 속으로 흘러들어올 때 그가 진정으로 그리스도인이 된다는 사실을 우리는 반드시 깨달아야 한다.

오, 주여!
당신의 길은
지혜로운 계획 가운데
저 위 당신의 보좌에서 만들어집니다.
그리하여
어둡고 굽은 선들이 모두
당신의 사랑의 중심에서 만나게 됩니다.

_ 앰브로즈 설 (Ambrose Serle)
〈오 주예! 당신의 길은〉

5 CHAPTER

하나님 지혜의
능력 안에 서라

오, 하나님의 영원한 지혜이신 그리스도여! 저를 온전히 당신께 드리며, 제 이해력을 버리고 당신을 온전히 신뢰합니다. 당신의 지혜가 제 안으로 흘러들어오고 또 제 주변으로 흘러나감으로 제가 당신의 영광을 전하는 그릇이 되게 하소서.

사도 바울은 그의 복음전도가 인간의 지혜에서 나오지 않고 성령과 능력의 나타남이라고 분명히 밝혔다. 이로써 그는 그리스도인의 믿음이 인간의 지혜가 아니라 하나님의 능력 안에 서 있어야 한다고 주장한 것이다. 그는 오해하는 사람이 없도록 하기 위해 이렇게 말했다.

너희 믿음이 사람의 지혜에 있지 아니하고 다만 하나님의 능력에 있게 하려 하였노라 그러나 우리가 온전한 자들 중에서는 지혜를 말하노니 이는 이 세상의 지혜가 아니요 또 이 세상에서 없어질 통치자들의 지혜도 아니요 오직 은밀한 가운데 있는 하나님의 지혜를 말하는 것으로서 곧 감추어졌던 것인데 하나님이 우리의 영광을 위하여 만세 전에 미리 정하신 것이라 고전 2:5-7

또한 그는 이렇게 말했다.

하나님의 지혜에 있어서는 이 세상이 자기 지혜로 하나님을 알지 못하므로 하나님께서 전도의 미련한 것으로 믿는 자들을 구원하시기를 기뻐하셨도다 유대인은 표적을 구하고 헬라인은 지혜를 찾으나 우리는 십자가에 못 박힌 그리스도를 전하니 유대인에게는 거리끼는 것이요 이방인에게는 미련한 것이로되 오직 부르심을 받은 자들에게는 유대인이나 헬라인이나 그리스도는 하나님의 능력이요 하나님의 지혜니라
고전 1:21-24

우리는 바울이 여기서 무슨 말을 하는지 이해해야 한다. 유대인은 능력을 원하고 헬라인은 지혜를 원하지만, 그리스도는 하나님의 능력이며 하나님의 지혜라고 말하는 것이다!

하나님의 지혜의 빛이 필요하다

사도 바울이 그의 글들에서 줄곧 지적하는 바에 따르면, 기독교는 세상의 일반적인 것들과는 달리 신적(神的)인 것이다. 기독교는 하나님의 지혜에서 흘러나왔다. 기독교는 인간의 머리로 만들어낸 것이 아니기 때문에 인간의 머리로 설명할 수 없다. 오늘날 우리 주변 사람들이 기독교로 착각하는 것들이나 교파주의 같은 것들은 심리학이나 철학으로 설명될 수 있겠지만, 기독교는 그럴 수 없다.

바울은 "오직 은밀한 가운데 있는 하나님의 지혜를 말하는 것으로서 곧 감추어졌던 것인데 하나님이 우리의 영광을 위하여 만세 전에 미리 정하신 것이라"(고전 2:7)라고 말했다. 하나님의 지혜가 인간의 지성으로 설명될 수 없는 것은 인간의 지성이 만들어낸 것이 아니기 때문이다.

인간의 마음이 만들어낸 것이라면 그것이 무엇이든 인간의 마음에 의해 설명될 수 있다. 하지만 인간의 마음이 창조한 것이 아니라면 인간의 마음에 의해 설명될 수 없다. 심리학이 기독교를 설명하려 한다면, 그것이 설명하려는 것은 성경적 기독교가 아니다. 예수님은 이 땅에 계실 때 종종 비유로 말씀하셨다. 그 비유들은 선택받은 자들, 즉 하나님의 지혜를 받은 사람들만이 이해할 수 있는 것이다.

기독교의 신비를 하나의 비유라고 본다면, 이 비유는 인간의 지성에 의해 전혀 설명될 수 없고, 오직 성령께서 그 마음에 빛을 비추어주실 때에만 이해될 수 있다. 그러므로 기독교는 오직 영원한 지혜와 능력에 의해서만 성장할 수 있다. 신적 지혜와 능력 없이도 종교나 교단을 성장시킬 수는 있다. 영원한 지혜와 능력이 없어도 교회를 세우고 수적으로나 재정적으로 성장시킬 수는 있지만, 참된 기독교를 성장시킬 수는 없다.

내 이야기를 하자면, 나는 기독교 신앙에 모든 것을 걸었다. 그런데 이것은 영원한 지혜와 능력 없이는 불가능한 것이다. 우리 주님은 "내가 너희의 모든 대적이 능히 대항하거나 변박할 수 없는 구변과 지혜를 너희에게 주리라"(눅 21:15)라고 말씀하셨다. 당신은 이것이 단지 신앙적 격려의 말씀이라고 생각하는가? 그렇다면 그분이 이 말씀을 하신 얼마 후에 일어난 일을 기록한 사도행전 6장을 읽어보라. 여기에서는 스데반이 유대인들에게 말씀을 전할 때 "스데반이 지혜와 성령으로 말함을 그들이 능히 당하지 못하여"(행 6:10)라고 기록하고 있다.

현재 그리스도인들에게 시급히 필요한 것은 영원한 지혜(하나님의 창조적 지혜)의 세례를 하나님께 받는 것이다. 이것이 없으면 교회는 앞을 보지 못하게 된다.

"소경은 손에 랜턴(lantern)을 들고 있다 할지라도 도랑에 빠질 것이다. 소경의 손에 있는 랜턴은 낡아서 못 신는 장화와 다를 바 없다."

이 속담에서 말하는 것처럼 앞을 보지 못하는 사람에게는 랜턴이 소용없다. 이 진리를 교회에 적용해보자. 교회에 온갖 종류의 교사와 교육프로그램, 온갖 종류의 성장 전문가와 성장 프로그램이 있다 해도 눈이 없다면 그 교회는 도랑에 빠질 것이다. 이 창조적 지혜가 없는 교회는 앞을 보지 못하기 때문이다.

이를 극복하기 위해 교회 안의 어떤 이들은 학문에 의존한다. 그러나 내가 볼 때 학문은 의안(義眼) 같은 것이다. 의안은 눈 같은 느낌을 주고, 겉모습만 보는 사람들에게는 눈처럼 보일 수도 있지만, 시각장애인에게 시력을 줄 수는 없다.

오늘날 복음주의 교회는 중심을 못 잡고 흔들리고 있다. 그 이유는 두 가지 방향에서 탈출구를 찾으려 하기 때문이다. 한 가지 방향은 즐거움을 추구하는 사람들을 위한 연예오락이고, 다른 한 방향은 심각하게 생각하는 사람들을 위한 학문이다. 이것이 오늘날의 새 복음주의이다. 지혜와 능력으로만 이룰 수 있는 것을 학문으로 이루려는 노력은 의안으로 앞을 보려는 것과 같다.

학문은 구원을 이루지 못한다

이런 이야기가 이상하게 들릴 수도 있겠지만, 그날이 오면 그리스도의 교회는 이 말을 이해하게 될 것이다. 은사와 능력을 갖춘 자들이 더 많이 일어나 나와 동일하게 말할 것이고, 새로운 기독교의 시대가 열릴 것이다. '새로운 기독교'라는 것은 지금의 기독교와는 다른 기독교, 즉 성경적 기독교를 의미한다.

몇 년 전에 나는 프란체스코 페트라르카(Francesco Petrarca, 1304~1374. 이탈리아의 시인 및 학자)라는 저술가를 알게 되었다. 이 사람은 '휴머니즘의 아버지'로 알려져 있다. 내 눈길을 끈 그의 책은 《내 무지에 대해》(On My Own Ignorance)였다. 그런데 그의 책을 읽고 나니, 그가 자기의 무지에 대해서는 전혀 말하지 않고 오히려 자기의 지식을 변호하고 있다는 걸 알게 되었다. 내가 말하고 싶은 것은 그가 무지했든 아니든 간에 우리가 아는 것이 별로 많지 않다는 것이다. 지금 교회는 과학, 심리학, 철학, 심지어 신학에 몰두하고 있다. 즉 어느 정도의 호기심을 느끼지 않은 학문의 분야도 거의 없지만, 통달했다고 말할 수 있는 학문 분야도 없다.

프란체스코 페트라르카는 그의 책에서 "나는 학문을 많이 아는 사람이 아니라 학문을 사랑하는 사람이다"라고 말했다. 이 사람은 자기의 학식이 많지는 않지만, 그래도 자신이 가진 학식을 사랑한다고 고백한 것이다. 나도 그의 심정에 깊이 공감한다.

정상적으로 사고할 수 있는 머리를 가진 위대한 사람들은 자기가 아는 것이 많지 않다는 것을, 좀 더 정확히 말하면 많은 것을 알 수 있는 능력이 자기에게 없다는 것을 알았다. 그러므로 하나님께서 구원을 위대한 학자에게 맡기지 않으신 것이 당연하다.

이 시대의 복음주의는 시대의 도전들을 기독교 학문으로 이겨낼 수 있다고 증명하기 위해 먼지를 날리며 부산을 떨고 있다. 어쩌면 이 시대의 도전들을 기독교 학문으로 이겨낼 수도 있을 것이다. 그러나 현재 복음주의는 빛을 받은 사상가들, 즉 신적 지혜의 영감을 받은 사람들을 배출해내지 못하고 있다. 이 신적 지혜는 전에는 감추어졌으나, 우리의 영광을 위해 세상 끝에 드러난 신비로운 것이다.

오늘날에는 학자가 너무 많아서 중요하게 여겨지지도 않을 정도다. 학자를 흔들면 이런저런 잡동사니가 아주 많이 떨어질 것이다. 학자를 흔드는 것은 열 살짜리 남자아이의 바지를 흔들어 터는 것과 같다. 바지단을 잡고 먼지 털 듯 흔들어 보라. 바닥에 떨어지는 것들을 보면 깜짝 놀랄 것이다. 아니, 어쩌면 두려움마저 느껴질 지도 모른다. 반쯤 죽은 두꺼비에서부터 먹다 남은 과자 부스러기까지 별의별 것들이 다 떨어질 것이다. 이처럼 학자를 흔들면, 온갖 종류의 정보가 사방팔방으로 떨어진다.

아무튼 내가 내린 결론은 한 가지이다. 언제라도 인용할 수 있도록 성경을 암기하여 혀 끝에 달고 다니면서도 그 말씀에 순종하지 않는 사람은 다른 사람의 소를 세는 목동과 다를 바 없다는 것이다. 다른 이들의 소에는 엄청 관심을 쏟지만 정작 자기는 어린 암소 한 마리도 가지지 못한 목동 말이다! 이처럼 오늘날 흔히 볼 수 있는 학자는 신적 지혜와 능력으로만 이룰 수 있는 것을 지적(知的) 노력으로 이루려고 애쓴다.

소경이 소경을 인도하는 시대

우리는 이 시대에 필요한 것들을 우리의 두뇌와 학문으로 얻으려고 노력하지만, 이런 노력은 실패할 수밖에 없다. 학자와 빛을 받은 사상가는 전혀 다르기 때문이다. 이 두 사람이 비슷하게 보일 수도 있겠지만, 학자는 대개의 경우 빛을 받은 사람이 아니다. 그의 직업적 성격 때문이다. 학자의 일은 정보를 체계화하는 것이다. 예를 들면, 링컨이나 우라늄 또는 그 밖의 역사적 또는 지질학적 사실들을 체계화한다. 그의 일은 정신적, 내면적 조명을 얻으려고 힘쓰는 것이 아니다.

물론, 학자가 신적 지혜의 세례를 받으면 지혜의 조명을 받는 사상가가 될 수 있다는 것을 인정한다. 하지만 이것은 붉은 머리카락을 가진 사람이 바이올린을 연주할 줄 안다는 것에 비유할 수 있다. 짐작하겠지만 붉은 머리카락과 바이올린 연주 사이에는 아무런 연관성이 없다. 오늘날 온갖 종류의 성경 선생, 학자 그리고 사상가가 있다. 우리는 지도자들을 따라 살 수밖에 없는데, 문제는 모든 지도자들이 신적 조명을 받은 사람은 아니라는 것이다.

100명 중에 볼 수 있는 눈과 말할 수 있는 입이 있는 사람이 1명 있다면, 나머지 99명의 소경이 그를 따라도 안전상 문제가 생기지 않는다. 이 사람이 빛을 받은 사람이라면, 그리고 이 사람이 그들에게 계속 말을 해준다면 99명의 소경은 그를 따라가도 안전하다.

그러나 지난 25년 동안 분명히 드러난 사실은 많은 지도자들이 조명을 받은 자들이 아니라는 것이다. 그들이 하는 그럴듯한 말을 들은 사람들이 그들에게 몰려가지만, 결국에는 모두가 잘못된 방향으로 가고 있을 뿐이다.

우리는 기독교의 뿌리가 신적인 것이라는 사실을 무시해 왔다. 기독교는 하나님이 정하시고 주신 것이기 때문에 인간적으로 설명될 수 없다. 기독교의 성장은 오직 그분의 지혜와 능력으로만 가능하다. 그 신적 지혜와 능력이 없는 지도자는 소경을 인도하는 소경일 뿐이다.

전능의 하나님께서 이 세대의 그리스도인들에게 임하셔서 그들이 차갑고 인본주의적이며 지적인 복음주의에 불만을 느껴 신적 지혜와 능력의 영감을 간절히 사모하도록 만들어주시는 것! 이것이 지금 내 기도의 제목이다. 그렇게 되면 그들은 열심을 내어 그분의 지혜와 능력을 얻게 될 것이다.

지성을 뛰어넘는 영원한 지혜를 받으라

여기서 혹시라도 오해할까봐 한 마디 덧붙이겠다. 위대한 학자들 중에는 열심히 노력해서 조명을 받은 사람들도 일부 있다는 것을 나도 인정한다. 예를 들면, 모세는 위대한 학자였다. 그는 바로의 딸의 아들로서 궁정에서 양육되었고, 애굽의 모든 지혜를 배웠다. 더할 나위 없이 훌륭한 교육을 받았다. 그러나 하나님께서는 이스라엘 민족을 애굽에서 이끌어내는 사명을 그에게 맡기시기 전에 그를 '불타는 떨기나무'로 인도하셔서 조명해주셨다. 그래야 그가 자신의 사명을 감당할 수 있었기 때문이다. 그의 머리는 애굽의 학식으로 가득 차 있었지만 하나님은 그에게 조명을 허락하신 후에야 비로소 이스라엘을 그에게 맡기셨다. 요컨대, 모세는 신적 지혜의 영감을 체험하기 전에는 하나님께 사용될 수 없었다.

신약성경에 등장하는 또 다른 학자는 바울이다. 그는 회심 후 아라비아의 모처에서 3년 간 은신해 있었다. 아라비아 사람들에게서 무엇을 배우기 위해서가 아니라, 혼자 조용한 시간을 보내면서 하나님께 무엇을 얻으려고 힘썼다. 아라비아에서 돌아왔을 때, 그에게는 전에 없던 것이 있었다. 정리해서 말할 것 같으면, 본래 그는 학자였지만 거기 머물지 않고 계속 힘써 빛을 받은 사람이 되었다. 즉, 지성을 뛰어넘는 신적 지혜와 능력을 아는 사람이 되었다.

바로 이것이 내가 강조하고 싶은 것이다. 신구약 모두가 가르치는 바에 의하면, 사건들의 분류나 사실이나 통계 같은 것들로는 도저히 도달할 수 없는 숨겨진 지혜가 있다. 성령께서는 이 '창조되지 않은, 무시간적(無時間的) 지혜의 바다' 속으로 우리를 밀어 넣으신다. 이 지혜는 때로 성부 하나님으로, 때로는 하나님의 아들로, 때로는 하나님이 창조하여 보내신 것으로, 때로는 성문에 서서 "어리석은 자들아 너희는 명철할지니라 미련한 자들아 너희는 마음이 밝을지니라"(잠 8:5)라고 소리치는 여인으로 묘사된다. 지혜는 단순히 불타는 지성이 아니다. 영원한 지혜와 불타는 지성은 너무나 다르다.

성 니케포루스(St. Nikephoros)는 "머리는 마음과 연합될 때 이루 말할 수 없는 기쁨과 즐거움으로 충만해진다. 그때 우리는 하늘나라가 진정으로 우리 안에 있는 것을 보게 되며, 다른 방법으로는 도저히 배울 수 없는 것들을 깨닫게 된다"라고 말했다.

아담이 타락했을 때 단절(분리)이 일어났다. 즉, 인간의 머리가 그의 마음에서 분리되었다. 이렇게 분리된 머리와 마음은 속량을 통해 다시 연합하기 때문에 그리스도인은 마음으로 생각할 수 있게 되지만, 죄인은 아무리 배운 것이 많아도 오직 머리로만 생각한다. 사실을 말할 것 같으면, 그리스도인은 이 두 가지 모두를 가지고 사고할 수 있다. 그는 그의 머리를 마음속으로 밀어 넣을 수 있는데, 그렇게 하면 마음에서 우러나오는 사고를 할 수 있게 된다. 간절한 소원과 강한 의지를 갖고 그렇게 한다면 매우 사랑스러운 사람이 될 것이고, 사랑과 기쁨과 평안 같은 온갖 미덕들을 갖추게 될 것이며, 주 예수 그리스도의 이름으로 드리는 기도에 늘 응답받게 될 것이다.

감추어진 하나님의 지혜를 구하라

하나님께서 당신께 부어주기 원하시는 이 불가사의하면서도 아름답고 인자하고 사랑스럽고 자비롭고 순수한 것, 즉 이 하나님의 지혜는 인간의 지혜와 대조된다. 하나님의 지혜는 신비이다. 즉, 그분이 창세 전에 그분의 영광을 위해 미리 정하신 '감추어진 지혜'이다. 이 지혜는 하나님의 능력이시며 하나님의 지혜이신 그리스도이시다.

내 개인적 이야기를 할 것 같으면, 나는 단순히 신학자로 머무는 것에 만족할 수 없다. 신학은 제단 위에 놓인 나무일 뿐이다. 엘리야는 산 위에서 나무를 자르고 제단을 만들었다. 그 후 그가 기도했을 때 하나님의 불이 내려와 제단 위의 나무를 태웠다. 모든 것을 태운 그 불은 여호와 하나님께서 승리하시고 바알이 패배하는 계기가 되었다.

신학은 제사를 위한 나무이다. 나무에 불이 붙지 않는다면 나무는 그냥 나무일 뿐이다. 1,2킬로그램의 나무는 아무도 변화시키지 못한다. 모세가 광야에서 단지 나무 더미만 보았다면 "내가 돌이켜 가서 이 큰 광경을 보리라"(출 3:3)라고 말하지 않았을 것이다. 불은 관심을 불러일으키는 법이다. 그 나무에 불이 떨어졌을 때 온전한 관심이 집중되었다.

> 나의 나 된 것은 모두 당신의 은혜입니다.
> 주여, 당신의 지혜가 나를 만드셨습니다.
> 내 조물주에게 감사의 찬양을 드립니다.
> 당신의 불가사의한 일들에
> 놀랐기 때문입니다.

_ 예배용 시편집 (The Psalter, 1912)
〈나의 나 된 것은〉

6 CHAPTER

무엇과도
바꿀 수 없는 지혜

—

오, 하나님! 당신께 부르짖나이다. 제 인간적 지혜 안에서 뒹굴고 있는 저를 건져주소서. 모든 것을 바쳐 당신의 거룩한 지혜를 구합니다. 그 지혜가 당신을 제게 새롭게 보여줄 것이며, 당신이 세우신 가치들도 보여주길 원합니다. 세상 모든 광산의 금을 다 합한 것보다 제게 더 귀한 것은 당신의 지혜입니다.

욥기는 가치를 따질 수 없을 정도로 귀한 보석이다. 그중에서도 욥기 28장은 하나님의 지혜의 극적(劇的) 탐구를 보여준다. 어떤 것을 손으로 붙잡아 실제 삶의 일부로 녹아들게 만드는 것은 그것에 대해 이야기하거나 산더미 같은 지식을 쌓는 것과는 전혀 다르다.

> 그러나 지혜는 어디서 얻으며 명철이 있는 곳은 어디인고 욥 28:12

이 말씀에는 두 가지 질문이 나오지만 이 둘은 사실상 동일한 것이다. "지혜와 명철을 어디서 얻을 수 있는가?"

욥기는 역사상 최고 수준의 문학작품 중 하나로 꼽힌다. 심지어 성경이 성령의 감동으로 쓰였다는 것을 믿지 않는 학자들도 욥기는 아주 높이 평가한다. 욥기와 호머의 글의 차이는 욥기가 하나님께서 주신 영감으로 기록된 반면 호머의 글은 그렇지 않다는 것이다. 성경 이외의 다른 문학작품들에는 신적 영감이 없다. 그러므로 욥기에서는 하나님을 만날 수 있지만 호머의 글에서는 그럴 수 없다.

욥기 28장은 큰 보물을 찾는 인간의 노력에 대한 극적인 이야기이다. 성령께서 세상을 어루만지심으로 욥기 28장이 큰 보물을 찾는 긴 노력의 결정판이 되게 하셨다. 여기서 말하는 '보물'은 보석, 금, 은 그리고 인간이 알고 있는 모든 귀한 것들보다 더 가치 있다(보물에 대한 언급은 성경의 다른 부분에서도 나온다). 인간은 보물을 찾는 노력을 이제까지 계속해 왔는데, 대중이 아니라 진흙 속에서 뒹구는 것에 만족하지 못한 소위 '뛰어난 사람들'이 그랬다.

지금 생각나는 것은 로버트 브라우닝(Robert Browning, 1812~1889. 잉글랜드의 시인이자 극작가)이 어떤 이들을 가리켜 '불꽃을 봐도 태평한, 완결된, 유한한 흙덩어리들'이라고 불렀다는 것이다.

'완결된, 유한한 흙덩어리들'은 '에서'와 같은 사람들을 말한다. 이는 야곱과 에서의 차이점이기도 하다. '에서'라는 이름은 '붉은 진흙'이라는 뜻이다. 여러 면에서 에서는 그의 동생 야곱보다 대하기에 편한 사람이었다. 그러나 야곱에게는 에서에게 없는 한 가지가 있었는데, 그것은 불꽃을 보고 마음에 불안을 느꼈다는 것이다.

삶의 비타민이 되는 지혜

내가 이 책에서 반복해서 언급하고 있는 보물은 무엇일까? 그것은 '지혜'라고 불리는 보물이다! 그렇다면 일단 낮은 수준에서, 즉 인간적 수준에서 이 지혜를 살펴보자.

인간적으로 말한다면, 지혜는 비타민과 같다. 비타민이 인체에 영양분을 공급하는 것은 아니지만, 만일 비타민이 없다면 그 무엇도 영양분으로 사용될 수 없다. 비프스테이크를 2킬로그램 먹는다 해도 비타민이 없으면 비프스테이크가 우리 몸에서 영양이 되지 못한다. 이처럼 비타민은 다른 모든 음식물이 제 구실을 하도록 돕는데, 이것은 지혜가 어떤 것인지를 이해하는 데 좋은 비유가 된다.

또 다른 비유를 들어보자. 화가가 되어 초상화를 그리겠다고 굳게 결심한 사람이 있다. 팔레트, 붓, 캔버스, 이젤을 갖춘 작업실을 마련하는 데 거액을 투자한다. 창문을 통해 들어오는 빛은 적당한 실내조명 상태를 유지해준다. 바닥에는 타일이 깔려 있고, 벽은 부드러운 파스텔 색조를 띠고 있으며, 작업실의 이런저런 물건들도 그에게 영감을 불어넣어 줄 것 같다. 이 사람은 세계적인 화가 중 하나가 될 수도 있는 환경을 갖추고 있다.

곧이어 모델들이 작업실로 들어온다. 절경(絶景)이 내려다보이는 창문을 배경으로 포즈를 취한 모델들은 황홀할 정도로 아름답다. 하지만 이 사람에게는 그림을 그리는 데 필요한 딱 한 가지가 없었다. 그는 결국 그림을 한 장도 그릴 수 없었는데, 그에게 부족한 한 가지는 바로 시력이었다!

만일 그에게 시력이 있었다면, 그 시력은 다른 모든 것들이 제 역할을 할 수 있도록 하는 비타민이 되었을 것이다. 시력이 있으면 다른 모든 것들은 의미가 있지만, 시력이 없으면 다른 모든 것들은 의미가 없다. 지극히 아름다운 모델, 천하의 절경, 최고급 장비들, 이런 것들이 앞을 못 보는 사람에게는 아무 가치가 없게 된다.

이 비유를 지혜에 적용해보자. 지혜라는 것이 분명히 존재하지만, 지혜는 지식이나 교육과는 다르다. 지성이나 재능과도 다르다. 지식, 교육, 지성 그리고 재능은 좋은 것이고, 또 사람들에게서 발견된다. 하지만 그들은 이런 것들을 살아 있을 때에만 가질 수 있고, 그 후에는 손에서 놓아야 한다. 임종의 마지막 숨을 헐떡이며 손을 벌릴 때는 그것들을 포기해야 한다. 살아 생전에 지혜를 갖지 못한 그들에게 그것들은 아무런 도움이 되지 못했다.

더 높은 차원의 지혜는 분명히 존재한다. 이 세상뿐만 아니라 다음 세상, 그리고 영원까지 영향을 미치는 이 지혜는 하나님과 함께 계신다.

배움으로 얻을 수 없는 지혜

인간은 역사 속에서 줄곧 이 지혜를 찾아왔다. 페르시아인, 애굽인, 중국인, 일본인, 그리고 힌두교 신자들, 어디에서나 발견되는 무수한 사람들이 바로 이 지혜를 찾아 헤맸다.

이런 현상이 일어나는 이유는 인간이 하나님의 형상으로 지음 받았기 때문이라고 나는 믿는다. 하나님께서 아직 이 세상에 머물고 있는 인간을 찾아와 구원을 주시는 것이 가능한 이유는 타락하여 죄에 빠진 인간 안에 누더기처럼 너덜너덜해진 하나님 형상의 조각들(하나님의 형상이 망가진 잔재들)이 그나마 남아 있기 때문이다.

만물에 영향을 미치는 하나님의 지혜는 모든 문을 열고 모든 신비를 푸는 열쇠이지만, 사람들이 이 지혜를 항상 발견하는 것은 아니다. 평생을 이 땅에서 살았지만 이것을 발견하지 못하고 죽은 사람들이 많다. 인간의 지혜는 우리에게 시와 예술과 종교를 주었다. 소크라테스는 헬라의 이곳저곳을 다니며 추종자들에게 훌륭한 진리를 많이 가르쳤다. 그러나 그들 중 누구도 참된 지혜를 발견하지 못했다. 소크라테스는 살아 있는 동안 참된 지혜를 찾지 못했는데, 그래서 지금도 어떤 이들은 "참된 지혜는 어디에서도 찾을 수 없다"라고 말한다.

전도서는 지혜를 찾아 헤맸지만 결국 발견하지 못하고 죽는 인생을 주제로 삼은 한 편의 논문이라고 할 수 있다. 진정한 지혜는 인간이 배워서 얻을 수 있는 것이 아니다. 물론, 겸허한 마음을 가지고 충분히 노력하는 사람에게는 배움의 길이 항상 열려 있다. 이것은 대부분의 사람들의 경우 맞는 말이다. 진지하게 결심하고 달려들어 성실히 배운다면 못 배울 것이 거의 없다. 그러나 하나님의 지혜는 인간이 배워서 얻을 수 있는 것이 아니다.

그분의 지혜, 즉 그분의 신비를 아는 사람은 철학자, 학자, 과학자 그리고 천재보다 더 지혜롭게 된다. 이 지혜를 가진 사람은 인생의 비밀을 알고, '궁극적 선(善)'이라고 불려온 것을 얻을 수 있으며, 만물의 이치를 깨닫게 된다.

고대의 히브리 저자들은 참된 지혜가 바로 이런 것이라고 믿었다. 이 지혜는 우리의 친구가 되어주었다. 참된 지혜는 사람들의 손을 잡고 광야를 통과해 약속의 땅으로 이끄는 안내자가 되어주었다. 이 지혜는 날마다 점점 더 밝아졌는데, 결국에는 완전히 밝은 날이 찾아왔다. 이 귀중하고 신비로운 하나님의 선물이 결국 사람들에게 찾아온 것이다.

욥은 "우리가 어디에서 지혜를 찾을 수 있을까?"라는 질문을 던진다.

은이 나는 곳이 있고 금을 제련하는 곳이 있으며 철은 흙에서 캐내고 동은 돌에서 녹여 얻느니라 사람은 어둠을 뚫고 모든 것을 끝까지 탐지하여 어둠과 죽음의 그늘에 있는 광석도 탐지하되 그는 사람이 사는 곳에서 멀리 떠나 갱도를 깊이 뚫고 발길이 닿지 않는 곳 사람이 없는 곳에 매달려 흔들리느니라 음식은 땅으로부터 나오나 그 밑은 불처럼 변하였도다 그 돌에는 청옥이 있고 사금도 있으며 욥 28:1-6

이어지는 구절도 문학작품 중 아름다운 구절로 꼽힌다.

"그 길은 솔개도 알지 못하고 매의 눈도 보지 못하며 용맹스러운 짐승도 밟지 못하였고 사나운 사자도 그리로 지나가지 못하였느니라"(욥 28:7,8).

인간은 하나님의 지혜를 찾아 천사가 있는 높은 곳까지라도 공중의 새처럼 날아오르겠다고 마음먹을 수 있겠지만, 이 지혜를 찾지는 못한다. 나는 솔개들이 날개 한 번 퍼덕이지 않고 몇 시간 동안 하늘을 떠다니는 것을 본 적이 있다. 솔개는 기류를 이용해 몸을 기울이거나 우아하게 선회하면서 아래를 내려다보다가 먹이가 발견되면 급강하한다. 그러나 솔개도 알지 못하고 매의 눈도 보지 못한 길이 있다. 정글의 길들을 밟아본 용맹스러운 짐승도 그 길을 밟지는 못했다.

돈으로 살 수 없는 지혜

그렇다면 지혜는 어디서, 어떻게 얻을 수 있을까?

> 그 길을 사람이 알지 못하나니 사람 사는 땅에서는 찾을 수 없구나 깊은 물이 이르기를 내 속에 있지 아니하다 하며 바다가 이르기를 나와 함께 있지 아니하다 하느니라 순금으로도 바꿀 수 없고 은을 달아도 그 값을 당하지 못하리니 욥 28:13-15

하나님께로부터 오는 것은 돈으로 살 수 없다. 돈으로 환산할 수 없을 만큼 귀한 것이기 때문이다. 그분의 지혜는 하나님께서 우리에게 주셔야만 하는 것이요, 우리에게 절대적으로 필요한 유일한 것이다. 우리에게 닥칠 수 있는 모든 문제들을 풀 수 있는 해결 방법은 그분의 지혜에서 흘러나온다. 그분의 지혜를 온전히 알게 되면, 그분께서 의도하신 삶을 경험하게 된다.

우리는 모든 것에 인간의 관점에서 정한 가격표를 붙인다. 이것이 이 세상이 굴러가는 방법이다. 그러나 이런 세상사의 이치를 우리와 하나님 사이에 확대 적용하면 안 된다. 그분과 우리의 관계는 우리의 방법이 아니라 그분의 방법에 따르게 되어 있다. 위로부터 내려오는 이 지혜, 즉 우리 위로 임하는 이 거룩한 입김은 하나님을 이해하고 그분과 우리의 관계를 이해할 수 있게 해준다.

하나님을 두려워하는 것이 지혜의 근원이다. 그분을 두려워한다는 것은 우리의 계획표를 고집하지 않고 무조건적으로 그분께 복종하는 것이다. 그분이 우리를 오라고 부르실 때 그분께 가면, 그분이 우리에게 주고자 하시는 것을 얻을 수 있다.

오, 하나님!
당신의 생각들이 얼마나 많은지요!
내게는 금보다 더 귀하나이다.
내가 그것들의 무한함을 묵상하오니,
깰 때에 내가 당신과 함께 있나이다.

_ 예배용 시편집 (The Psalter, 1912)
〈나의 나 된 것은〉

7 CHAPTER

지혜를 담는
그릇이 되라

오, 성령님! 당신이 제 삶에 부어주신 신적 지혜를 통해 당신을 찬양합니다. 그 지혜로 인하여 제가 누구인지, 당신이 누구신지, 우리가 어떻게 하나가 되었는지를 알게 되었습니다.

내가 관찰한 바에 의하면, 우리는 예수 그리스도의 교회를 병원의 금욕(禁慾) 병동처럼 유지해 왔고, 그 병동에서 단 한 사람도 빼내지 않았다. 교인들의 키가 자랐음에도 여전히 유모의 돌봄을 받으며 젖병으로 젖을 먹고 있다. 우리는 그들을 성장시키려는 노력조차 하지 않으며, 해가 거듭되어도 늘 똑같은 유아식을 먹인다. 20년 동안 수준 높은 책을 단 한 권도 읽지 않은 그리스도인들도 있다. 이런 사람들은 신체적으로는 성장했지만, 영적으로는 여전히 병원에 있는 것이다.

그럼에도 많은 그리스도인들이 태평하다. 죽어서 천국에 가기를 원하지만, 하나님께서 "온유한 자를 정의로 지도하심이여 온유한 자에게 그의 도를 가르치시리로다"(시 25:9)라고 말씀하셨다는 것은 잊고 있다. 온유한 사람인 모세가 율법을 받았다는 것을 잊고 있다. 신약의 신학을 세운 사람이 온유한 사람 바울이라는 것을 망각하고 있다. 깨끗함과 겸손이 있을 때 조명과 빛이 주어진다는 것을 모르고 있다.

영원한 지혜의 뿌리

1. 순전함

오늘날 그리스도인들은 깨끗한 백성이 되어야 한다는 것을 잊고 있다. 만일 하나님의 사람들이 정말로 깨끗해진다면 지성에 빛을 받아 마음으로 사고하게 될 것이다. 하나님의 뜻은 그분의 교회가 깨끗한 백성이 되는 것이다. 어느 정도로 깨끗해야 하는가 하면, 순수함에 대한 열정으로 불탈 정도로 깨끗해야 한다.

많은 사람들은 기독교가 "나는 그리스도를 영접합니다"라고 말하기만 하면 모든 것이 해결되는 종교라고 믿는다. 그리스도를 믿는다고 말하면 천국의 종이 울리고, 그 종소리를 듣고 마귀가 공포에 질려 꼬리를 두 다리 사이에 넣고 줄행랑을 칠 것이라고 믿는다. 그들은 기독교에 대해 이런 얼빠진 생각을 하고 있다.

우리가 잊지 말아야 할 것은 그리스도를 영접하는 것이 단지 시작에 불과하다는 것이다. 내가 예수 그리스도에게 모든 것을 걸었다는 것은 내 마음속으로 흘러들어오는 신적 지혜의 영감을 통해서만 이해할 수 있는 그분의 깨끗함에 모든 것을 걸었다는 뜻이다. 하나님의 지혜는 이 깨끗함이 무엇인지를 우리에게 명확히 가르쳐준다.

2. 공경함

지혜는 사랑하는 마음이며, 신성모독을 용납하지 않는다. 그분을 두려워하는 것이 모든 지혜의 뿌리이다. 공경은 신적 지혜에서 흘러나온다.

나는 어떤 설교자들의 경박함에 놀라지 않을 수 없다. 그들은 하나님에 대해 이야기하는 것보다 농담을 지껄이는 것이 더 편한 사람들이다. 내가 이런 말을 하는 것은 우울한 분위기를 좋아해서가 아니다. 하나님의 일들에 대해 말할 때에는 삼가는 태도로 임해야 한다. 하나님 앞에서 진정성과 공경, 그리고 경외함이 없다면 지혜와 능력의 세례를 받을 수 없다.

3. 사랑

순전함과 공경을 따르는 것이 사랑이다. '집회서'에는 "그분이 주신 바에 따라 지혜가 모든 육체와 함께 있도다. 그분이 그분을 사랑하는 자들에게 지혜를 값없이 주셨도다"(집회서 1:1-10)라는 말이 나온다. 우리는 사랑과 동정의 마음을 가져야 한다. 그리고 공감할 줄 알아야 하는데, 이것은 우리의 자아와 감정들을 다른 사람에게 투영할 줄 아는 능력이다. 예수님은 무리를 보셨을 때, 불쌍히 여기는 마음을 가지셨다. 이것이 공감이다. 즉, 자신의 마음을 다른 사람에게까지 확장하여 그와 똑같이 느끼는 것이다.

매정한 사람은 결코 지혜로운 사람이 될 수 없다. 학위를 얻고 지식을 쌓을지라도 큰 지혜의 소유자가 될 수 없다. 사랑의 마음이 지혜의 한 부분이기 때문이다. 성령 하나님은 사랑하는 지혜로 충만한 사랑의 영이시다.

4. 순종

"지혜를 원한다면 계명들을 지켜라. 그러면 주님께서 네게 지혜를 후하게 주실 것이다"(집회서 1:26). 우리는 순종할 수 있는 용기를 가져야 한다. 순종은 선택의 문제가 아니다. 순종할 것인가 아니면 맹목이 될 것인가 하는 양자택일이 우리에게 있을 뿐이다.

순종하는 그리스도인은 앞을 볼 수 있는 그리스도인이 될 것이다. 순종해야 십자가를 지는 것이지, 십자가에 대해 노래한다고 십자가를 지는 것이 아니다. 십자가를 지는 것이 순종하는 것이고, 순종하는 것이 십자가를 지는 것이다. 십자가를 지는 순종이 당신의 삶에서 일어날 때 비로소 지혜와 능력이 예수 그리스도의 십자가의 중심에 있다는 것을 깨닫게 될 것이다.

사도 바울은 "십자가의 도가 멸망하는 자들에게는 미련한 것이요 구원을 받는 우리에게는 하나님의 능력이라"(고전 1:18)라고 말했다. 지혜와 능력이 십자가에서 분리되는 것은 불가능하다. 순종하지 않으면 영적 맹목이 되어 우리의 지성에 의지할 수밖에 없기 때문에 다른 이들을 가르칠 수 없다.

5. 이타심

성 그레고리(St. Gregory)는 "세상의 욕심을 버리고 깨끗케 된 사람이 아니라면, 태초에 인간이 가졌던 그런 참된 이성을 획득하거나 소유할 수 없다"라고 말했다. 다시 말해서, 먼저 세상의 욕심을 버리고 깨끗케 된 사람만이 참된 지혜, 즉 머리와 마음 모두의 지혜를 얻을 수 있다는 말이다. 이기심은 우리의 눈을 멀게 만들지만, 자아를 십자가에 못 박으면 눈이 열릴 것이다. 우리의 삶에 지혜가 부어지면 자아를 부정하는 태도가 생길 것이다.

6. 담대함

지금 우리의 문제는 용기, 즉 담대함이 없다는 것이다. 설교자들이 보여준 담대함의 가장 좋은 예를 들라면, 존 웨슬리를 말할 수 있다. 말씀 전파를 시작했을 때, 그에게는 계란과 토마토의 포화(砲火)가 쏟아졌다. 전도하러 나갈 때에는 밝은 표정이었지만, 돌아올 때에는 셔츠에 토마토가 잔뜩 묻어 있곤 했다. 하지만 핍박에도 불구하고 그는 계속해서 말씀을 선포했다. 그로부터 12년이 지나 사역이 순조롭게 진행되고 있을 때 그가 쓴 일기에서는 다소 의외의 글귀가 발견된다.

"어젯밤 어떤 마을로 들어갔는데 놀랍게도 주민들은 계란과 토마토를 가지러 집 안으로 들어가지 않았고, 오히려 존경하는 눈빛으로 나를 바라보았다. 어찌된 것인가?"

그는 그가 전하는 말씀을 들은 사람들의 태도가 그렇게 바뀐 것을 이해할 수 없었지만, 그런 변화가 일어난 것은 사실이었다. 그런 변화는 계속되었고, 그가 죽을 때쯤에는 분위기가 매우 달라졌다. 전도하기 위해 잉글랜드의 어느 마을에 들어가든 마을 사람들이 일을 멈추고 몰려왔기 때문에 그는 유명인사가 되었다.

그렇다! 어차피 둘 중 하나이다. 말씀을 전하는 자는 귀찮고 하찮은 존재로 취급 받거나 아니면 영웅으로 대접받기 마련이다. 사람들은 그에게 토마토를 던지거나 아니면 그를 지극히 융숭하게 대접할 것이다. 존 웨슬리는 토마토에 맞아 죽지도 않았고 지극히 융숭한 대접을 받지도 않았지만, 아무튼 그의 시대에 복음을 전하는 일은 큰 용기를 필요로 했다. 길거리 전도자는 투옥되거나 교회에서 쫓겨나거나 생활방식에 큰 제약을 받았기 때문이다. 그의 시대에는 복음전도자에게 담대함이 반드시 필요했다.

지금 내 머리에는 프랜시스 베이컨(Francis Bacon, 1561~1626. 잉글랜드의 철학자, 정치가 및 과학자)의 말이 떠오른다.

"처자가 생긴 사람은 그의 미래를 저당 잡힌 꼴이다. 처자에게 발목이 잡혀, 좋은 쪽으로든 나쁜 쪽으로든 큰일을 하는 것이 아주 힘들어졌기 때문이다."

베이컨은 솔로몬 이후 가장 지혜로운 말을 한 것 같다. 처자식이 있는 사람은 가족을 먹여 살리기 위해 정신을 바짝 차리고 일하지 않으면 안 된다. 무수히 많은 벌레들이 오지항아리의 둘레를 줄지어 돌듯이 그의 어린 자식들이 평생 그의 주변을 맴돌며 부양을 요구할 것이다. 그러니 "내 처자식이 굶어죽는 한이 있어도 하나님께 순종하겠다"라고 말하는 것이 쉽겠는가?

존 번연이 감옥에 있을 때 사람들은 그의 아내를 보내 그에게 복음전도를 그만두라고 간청하게 했다. 그때 번연은 아내에게 이렇게 말했다.

"여보, 내가 감옥에 있게 된 것은 미안하지만, 나는 여기에 있어야 하오. 하나님이 나를 이곳에 보내셨기 때문이오. 나는 타협할 수 없소."

하나님의 선물을 받아 누리라

아마 하나님께서는 장차 더 좋은 것을 우리에게 주기 위해 준비해 놓고 계실 것이다. 그것이 무엇인지 나는 모르지만, 그것이 속히 우리에게 주어지면 좋겠다. 십자가에 못 박히신 그리스도가 하나님의 지혜이시며 하나님의 능력이시라는 것을 우리가 깨달았으면 좋겠다. 과거에 그리스도인들이 배우고 행했던 것보다 더 좋은 것을 우리가 배우고 행하게 되기를, 그것을 담대히 구하고 추구하게 되기를, 그것을 다른 곳에서 배울 수 있다는 착각에 빠지지 않게 되기를 나는 소망한다.

우리는 지혜를 배울 수 없다. 지혜는 배워서 얻는 것이 아니라 선물이다. 성령을 배울 수 없는 것과 같다. 성령은 받아야 할 선물이다. 성령 받기를 갈망하는 사람들을 하나님께서 일으키시도록 나는 기도한다.

나는 하나님께서 다음과 같은 몇 가지를 이루어주시기를 기도한다. 먼저, 교회가 회복되어 포로 상태에서 벗어나게 해주시기를 원한다. 교회가 본연의 헌신과 경배와 깨끗함을 다시 찾게 해주시고, 성경을 과학으로 증명하려는 헛된 시도를 버리도록 인도해주시기를 바란다.

예수 그리스도를 혈통으로 설명하고 그분의 동정녀 탄생을 생물학적으로 설명하려는 헛된 시도가 있다. 심지어 그분의 보혈이 우리의 죄를 깨끗케 한다는 것을 피의 화학적 분석으로 설명하려는 사람들도 있다! '임마누엘'('하나님이 우리와 함께 계시다')이라고 불리시는 예수 그리스도의 기독교, 즉 하나님이 주신 신비한 천상의 기독교를 이 지경까지 저급하게 만들어버린 것은 정말 소름 끼치는 일이다.

그리스도는 우리를 찾아와 기독교를 주셨고, 성경은 그분에 대해 "아버지 품 속에 있는 독생하신 하나님"(요 1:18)이시라고 증언한다. 위로부터 오신 이 천상의 방문자는 영원한 지혜의 빛으로 눈부시게 빛나신다. 그러나 이런 분을 따르는 자라고 자처하는 우리는 그분과 그분의 천상의 기독교를 우리 수준으로 끌어내려 우리 수준에서 설명해보려고 발버둥 친다.

우리가 할 일은 그분의 거룩한 존전에 서서 두 손을 들고 우러러보며, "오, 주 하나님! 당신이 모든 것을 아시오니 당신을 믿고 의지하나이다"라고 말씀드리는 것이다. 하지만 그럼에도 불구하고 우리는 모든 것을 설명해야 한다는 잘못된 생각에 사로잡혀 있다.

만일 우리의 경험이 화학으로 설명될 수 있다면 그것은 예수 그리스도께서 주신 것이 아니다. 생물학으로 설명될 수 있다면 그분에게서 온 것이 아니다. 심리학적으로 분석될 수 있다면 성령께서 주신 것이 아니다. 철학용어를 붙일 수 있는 것이라면 기독교가 아니다. 하나님은 그리스도의 희생제사를 보시고 그리스도 안에서 우리에게 생명을 주신다. 그분의 생명이 우리 안에 있다면 우리는 깨끗해지고, 순종할 것이며, 공경하고, 사랑하고, 이타적(利他的)이 되며, 담대해지고, 어떤 결과든 기꺼이 받아들일 것이다.

당신이 그분 안에서 어떤 위치에 있는지에 대해 확신이 없다면 하루 휴가를 내어 하나님을 찾고 바라보며 "하나님, 당신을 나타내소서"라고 기도하고, 당신의 눈을 떠서 참 빛을 바라보라. 그러면 당신이 어디에 있으며, 무엇을 하고 있는지 깨닫게 될 것이다.

그리스도의 제자가 되라

세상에 살면서도 온전히 빛을 받아 상황을 꿰뚫어보고, 누가 옳고 그른지를 알고, 성경과 성령의 조명에 의해 분별하는 것이 얼마든지 가능하다. 그렇게 되면, 단지 예수 그리스도를 따라다니는 사람에 머물지 않고 그분의 제자가 될 것이다. 우리는 사람들을 따르지 않고 그분을 따른다. 우리는 사람이 사람을 따르는 죄 많고 사악한 세상에서 눈이 열려 밝아지고 마음이 맑아진 사람들이다. 성령은 우리의 마음과 눈에 빛을 비추기 원하신다.

> 너희는 주께 받은 바 기름 부음이 너희 안에 거하나니 아무도 너희를 가르칠 필요가 없고 오직 그의 기름 부음이 모든 것을 너희에게 가르치며 또 참되고 거짓이 없으니 너희를 가르치신 그대로 주 안에 거하라
>
> 요일 2:27

미끄러져 표류하고 있는 우리가 그리스도 안에 있는 뿌리로 다시 돌아가야 한다는 것을 교회는 언제 깨달을 것인가? 이런 근심이 내 마음에서 떠나지 않는다. 우리는 그리스도를 구주로 영접하는 것에서 그쳐서는 안 되고(그리스도를 영접하는 것은 일차적이고 기본적이고 근본적인 것이다), 계속 전진해서 거룩한 성령께서 우리의 마음을 씻어 깨끗케 하시도록 해야 한다. 그러면 겸손과 순종과 담대함 가운데 길을 헤쳐 나가 결국 하나님의 입에서 나오는 신적 지혜를 얻게 될 것이다.

구약에 의하면, 하나님께서는 바알에게 무릎 꿇지 않은 선지자 7천 명을 남겨두셨다. 그런데 내가 알고 싶은 것은 그들이 왜 숨었느냐 하는 것이다. 왜 사람들 앞에 나타나 여호와 하나님을 위해 싸우지 않았는가? 그들의 담대함은 어디로 사라졌는가?

오늘날의 그리스도인들은 예배하는 법을 배워야 한다. 사

람들을 하나로 묶어두는 온갖 종교적 허풍과 최신 연예오락에 매달리지 말고 하나님의 불과 성령의 임재를 구해야 한다. 하나님의 불과 성령의 임재하시면, 그로 충분하다!

> 내 혀야, 깨어나 찬사를 올려드려라.
> 노래할 능력을 네게 주신 그분께!
> 아무리 찬양해도 다 찬양할 수 없는
> 그분을 찬양하라.
> 지혜와 사랑의 근원이신 그분을!

_ 존 니드햄 (John Needham)
〈내 혀야, 깨어나 찬사를 올려드려라〉

8 CHAPTER

어디에서
지혜를 찾겠는가

오, 성령님! 제 지혜는 처절하게 실패할 뿐입니다. 하지만 저 거룩한 숨결이 제 마음을 신적 지혜로 가득 채우도록 당신을 바라보면, 당신을 알기 시작하게 되고 당신을 영원히 찬양하게 됩니다. 당신의 충만함을 다 알 때까지는 제 마음이 쉬지 않게 하소서.

인간은 오직 하나님 안에서만 발견되는 참된 지혜를 다른 데서 찾느라고 모든 시간과 에너지를 소비한다. 마귀는 그 지혜에 대해, 또는 죽음과 멸망에 대해, 또는 하데스(Hades) 즉 지옥에 대해 어느 정도 알지도 모른다. 심지어 그것이 어디에 있는지 알 수도 있다. 죽음과 멸망은 묘지 위에서 활짝 웃는 그들의 해골 앞에서 서로 손을 잡은 채 "우리는 지혜를 찾고 있다"라고 말한다.

이 모든 것의 근본 원인은 우리가 하나님의 형상으로 창조되었지만 지금은 그 형상이 너덜너덜해진 누더기처럼 남아 있기 때문이다. 우리는 사망과 멸망으로 가고 있다고 느끼며, 거기서 벗어나는 방법을 알기 원한다.

우리는 "사망과 멸망에서 벗어날 수 있는 길이 무엇인가?"라고 묻지만, 사망과 멸망은 "그 길에 대해 소문으로만 들었을 뿐이고, 더 이상은 알지 못한다"라고 대답한다.

죽은 사람이 다시 돌아와 우리에게 이야기해줄 수 없고 지옥에 대해 말해줄 수 없기 때문에 우리는 "그렇다면 지혜를 어디에서 찾을 수 있는가?"라고 묻는다. 이것은 모든 이의 마음속에 있는 절박한 질문이다.

지혜는 어디에서 시작되는가

우리의 마음속에서는 지혜가 발견되지 않는다. 그러므로 욥기는 "하나님이 그 길을 아시며 있는 곳을 아시나니"(욥 28:23)라고 말한다. 인간의 마음 속 깊은 곳에 안식이 없는 이유는 하나님의 목적과 기쁨을 위해 그분의 형상으로 창조되었지만 그 목적에 부합하지 못한 채로 살고 있기 때문이다. 인간의 창조 목적은 그분을 충만히 경험하는 것이다. 그런데 인간의 지혜에 의지하게 되면 그분을 경험하지 못한다. 학문, 사업, 발명품, 심리학, 그리고 심지어 신학도 인간의 지혜에 의지하는 것이 될 수 있다. 이런 것들에서 아무리 성공한다 할지라도 그의 마음속에는 채워지지 않는 텅 빈 공간이 남는다.

그런데 왜 인간은 이 사실을 잊고 살아갈까? 왜 하나님을 찾지 않을까?

인간이 부지런히 노력하면 거의 모든 것들을 알 수 있겠지만, 자기의 조건들을 고집한다면 하나님을 찾을 수 없다. 그러므로 우리를 괴롭히는 질문은 '왜 사람들이 그분을 생각하지 않는가?' 하는 것이다. 그들이 돌아가야 할 첫 번째 근원은 바로 그분이시다. 그분을 안다면 그들의 문제들이 해결될 것이다.

오직 하나님께서만 대답해주실 수 있는 질문들에 대한 답을 얻으려고 발버둥 치는 사람들을 도와주는 것을 직업으로 삼는 사람들이 있다. 그러나 그들의 상담은 한계가 있는 인간의 지혜에 근거한 것이다. 그 한계를 극복하여 신적 지혜의 영역으로 넘어가는 것이 그들에게는 불가능하다.

나는 왜 하나님께서 우리 삶의 체험에서 가장 우선적 위치를 차지하시지 못할까 하는 문제에 대해 자주 생각해 보았다. 왜 우리는 문제가 생겼을 때 모든 지혜의 근원이신 그분께 가지 않는가? 그분을 의지해야 한다는 생각이 우리에게 가장 먼저 떠올라야 함에도 불구하고 우리는 오히려 인간의 지혜를 따르는 경향이 있다. 우리의 지혜가 그분의 지혜를 능가한다고 착각하는 것인가?

오직 하나님께서만 도움을 주실 수 있다는 결론에 도달했다면, 그것은 지극히 아름다운 일이다. 당신이 지금 빠져들고 있는 수렁에서 당신을 건져 올릴 수 있는 지혜를 가진 분은 오직 그분이시다!

피조세계 전체를 낳은 신비가 있다. 모든 별과 은하계, 기어 다니는 벌레, 스쳐가는 바람, 보이는 것들과 보이지 않는 것들을 낳은 거대한 황금 자궁(子宮)이 있다. 그렇다면 이 신비, 이 자궁은 어디에서 발견될까? 오직 하나님 안에서이다!

하나님은 그분의 목소리를 높여 "보라 주를 경외함이 지혜요 악을 떠남이 명철이니라"(욥 28:28)라고 말씀하셨다.

욥기는 다가올 세대들을 위해 쓰였고, 우리가 어디에서 지혜를 찾을 수 있는지를 말해준다. 지혜는 하나님께 굶주린 심령에게 찾아온다. 지혜는 자기의 죄를 버리고 구주께 돌이키는 사람에게 그분이 주시는 것이다.

불행하게도, 다이아몬드가 박힌 날개를 가진 굉장히 멋진 천사가 찾아와 이마를 만지며 "지혜로워져라!"라고 말해주기를 기대하는 사람들이 있다. 심지어 그리스도인들 중에도 있다. 그러나 그런 일은 일어나지 않을 것이다. 하나님은 그런 식으로 일하지 않으시기 때문이다. 하나님의 선물은 소박한 사람들에게 주어진다. 이것은 언제나 나를 놀라게 했다.

그분은 지혜를 어린아이들에게 주신다. 어린아이들과 젖먹이들이 지극히 박식한 사람들보다 더 많이 안다. 그분은 그분의 일들을 지혜롭고 슬기 있는 자들에게는 숨기시고 어린아이들에게는 나타내신다. 언제나 겸손한 자들에게 그분의 길을 가르쳐 주시고, 온유한 자들에게 그분의 판단을 보여주신다. 무릎 꿇고 얼굴을 땅에 대는 사람만이 그분께 배울 수 있으므로 세상은 그분께 등을 돌린다. 세상은 자기를 낮추지 않는다.

하나님의 지혜는 그분의 마음에서 흘러나와 주님 앞에서 낮아진 사람들의 마음속으로 흘러들어간다. 언제나 그분은 우리가 악에서 떠나 회개하고, 그분을 믿고 의지하라고 요구하신다. 이것이 지혜의 시작이다.

나에게 진짜 필요한 것

불행하게도, 우리에게 더 익숙한 것은 할리우드에서 만든 드라마이다. 그러나 하나님은 대본을 읽어대는 서툰 배우들처럼 그분의 일들을 극화(劇化)하시지 않는다. 대신, 겸손한 자를 찾아 이렇게 말씀하신다.

"이것이 내 비밀이다. 이것이 내 보물이다. 우주의 그 어떤 것보다 더 귀중한 것이 인간의 영혼이다. 인간의 영혼 안에 내가 내 형상과 내 모양을 부어주었다. 인간 다음에 내가 천사, 천사장, 그룹, 스랍, 통치자, 권세, 주권, 그 외에 일컬어지는 모든 이름을 지었다. 하지만 내 아들은 천사나 스랍이나 그룹에게가 아니라 오직 인간에게 보냈다."

하나님이 보실 때 그분의 보물은 무엇일까? 성경에 의하면 사람의 마음과 영혼이 그분의 보물이다! 그분은 마음이 겸손한 자에게 지혜를 속삭여주신다. 죄를 미워하고 악에서 돌이키고 구주 하나님을 의지하는 사람에게 그분의 비밀들은 속삭여주시고 부어주신다. 우리가 신약에서 하나님을 구주로 믿듯이 구약에서도 사람들이 하나님을 구주로 믿었다는 것을 잊지 말라. 신약의 하나님과 구약의 하나님은 동일한 분이시다.

구약 시대의 사람들은 그분이 '오실 것'을 고대했고, 이제 우리는 그분이 '오신 것'을 되돌아보지만, 구약과 신약의 구속자는 동일하시다. 공경하고 신뢰하는 마음으로 하나님께 돌이켜 순종하면 '영원한 일곱 현인(賢人)'보다 더 지혜로워지고, 세상의 모든 백과사전을 암기하는 것보다 더 많이 알게 된다.

그렇다! 당신이 영리한 젊은이가 될 필요는 없다. 당신에게 필요한 것은 어린아이 같은 믿음이다. 이 지혜를 찾는 이는 정말 복되다! 여호와를 두려워하는 이 아름다운 지혜를 찾은 사람은 악을 떠나 하나님께 돌아가 온전히 겸손하게 모든 것을 그분께 내어드릴 것이다. 지나온 우리의 삶이 아무리 죄가 많고, 아무리 무분별하고, 아무리 제멋대로였고, 아무리 어리석었다 할지라도, 그것을 모두 그분께 맡겨드리고 그분의 지혜를 우리 마음에 받아들이는 것이 가능하다.

세상 지혜로 가득 찬 미련한 자

이제까지 우리는 얼마나 미련했는가. 성경이 말하는 미련한 자는 누구인가? 바로 지혜 없는 자가 아닌가! 하나님의 지혜가 임하지 않은 자가 어리석은 자가 아닌가! 이런 사람에게는 지식은 있을지 몰라도 지혜는 없다. 세상의 지혜는 차고 넘칠지 몰라도 위로부터 임하는 지혜가 없기 때문에 성경은 그를 가리켜 '미련한 자'라고 말한다.

어떤 사람이 있었다. 그에게는 흔히 말하는 '사업 감각' 같은 것이 있어서 많은 돈을 벌었다. 인간적으로는 너무 지혜로웠던 이 사람은 더 이상 곡식을 쌓아둘 곳이 없게 되자 더 큰 곳간을 지었다. 그렇다면 성경은 이 사람에 대해 어떻게 기록하고 있을까?

> 또 이르되 내가 이렇게 하리라 내 곳간을 헐고 더 크게 짓고 내 모든 곡식과 물건을 거기 쌓아 두리라 또 내가 내 영혼에게 이르되 영혼아 여러 해 쓸 물건을 많이 쌓아 두었으니 평안히 쉬고 먹고 마시고 즐거워하자 하리라 하되 눅 12:18,19

이 사람의 생각은 인간의 지혜이지 하나님의 지혜가 아니었다. 그분은 그에게 이렇게 말씀하신다.

하나님은 이르시되 어리석은 자여 오늘 밤에 네 영혼을 도로 찾으리니 그러면 네 준비한 것이 누구의 것이 되겠느냐 하셨으니 눅 12:20

이 사람은 자기의 인생을 살다가 세상을 떠났지만, 손만 뻗으면 잡을 수 있는 지혜를 끝까지 찾지 못한 채 죽었다. 당신은 이 사람처럼 되지 말고, 겸손한 마음으로 무릎 꿇고 고개를 들어 그분을 바라보라. 그러면 그분의 지혜가 당신의 것이 될 것이다.

그분의 지식은 얼마나 넓은가!
얼마나 심오한가!
그 깊이에 우리의 모든 사고는 수장(水葬)된다.
그분은 별들을 세시고,
그 모든 하늘의 불꽃들에게 이름을 주신다.

_ 존 니드햄 (John Needham)
〈내 혀야, 깨어나 찬사를 올려드려라〉

PART 2

THE
WISDOM OF GOD

영원한 지혜를 갈망하라

9 CHAPTER

하나님의 지혜가
나타나다

오, 영원하신 여호와 하나님! 당신의 지혜의 가장 세밀한 것들까지 제게 보여주소서. 오늘 제 삶에서 당신의 은혜와 지혜를 나타내주셔서 주변 사람들에게 증거가 되게 하소서. 저는 오늘 제 마음과 생각들을 내려놓음으로 제 삶에서 당신의 지혜에게 길을 열어드리겠습니다.

지금까지 나는 저 깊고 깊은 태고의 지혜를 경건한 마음으로 깊이 살펴보았다. 그러므로 추측건대, 우리는 "주의 폭포 소리에 깊은 바다가 서로 부르며"(시 42:7)라는 시편 기자의 말 뜻을 조금은 알게 되었을 것이다.

그렇다면 이제 이야기를 조금 더 발전시켜 지혜의 다양한 모습을 생각해보자. 우선 우리는 가장 낮은 단계의 지혜를 살펴보고, 그 다음에 장막 시대의 영원한 높은 지혜를 살펴볼 것이다.

자연에게 물어보라

현대인은 하나님을 우리의 사고 밖으로 몰아내어 사라지게 하기 위해 이런저런 표현들을 만들어내는 데 아주 능숙하다. 구약성경의 기자들이 '하나님'이라고 부른 존재를 현대인은 '자연법칙'이라고 부른다.

예를 들어보자. 비가 오면 구약의 선지자는 "그[하나님]가 그의 누각에서부터 산에 물을 부어주시니"(시 104:13)라고 말했다. 하지만 지금 비가 오면 사람들은 그것을 단지 '강수'(降水)라고 부를 뿐이다. 물론 이렇게 부르는 사람도 얼마든지 훌륭한 그리스도인이 될 수 있다는 것을 인정한다. 하지만 선지자의 사고와 현대인의 사고 사이에는 분명한 차이가 있는 것이 사실이다. 선지자가 볼 때 비 뒤에는 하나님이 계시지만, 현대인이 볼 때 비는 기온변화에 따른 물 분자의 응축일 뿐이다.

이처럼 우리는 때로 하나님보다 과학적 지식을 앞세운다. 하나님이 배제되는 것인데, 이런 식의 사고방식은 도처에서 나타난다. 예를 들어 과거에는 하나님께서 별들을 그들의 자리에 달아매셨다고 말했지만, 지금 우리는 별들의 위치를 과학적으로 정확히 계산해 내고 있다.

짐승에게 물어보라

많은 이들은 하나님을 바라보고 그분의 음성을 들으며 "하나님을 보라! 지혜가 하나님과 함께 있다. 겸손한 마음으로 기도하고 그분을 신뢰하고 의롭게 되는 것이 지혜이다"라고 말한다.

욥기는 지혜의 책이지만, 그 가운데 12장은 완전히 이면(裏面)을 보여준다. 내가 이렇게 말하면 누군가 내게 전화를 걸거나 편지를 써서 "당신은 모순된 말을 하고 있습니다"라고 말할 것이다. 그러나 모순된 말을 하는 것처럼 보일 뿐이지 실제로 모순된 것은 아니다.

우리가 여기서 조심해야 할 것이 하나 있다. 우리는 성경의 기자들이 실수하거나 모순을 범한다고 비판해서는 안된다. 그렇게 했다가는 심판 날에 부끄러움을 당할 것이기 때문이다. 하나님은 실수하지 않으시고, 또 모순된 말을 하지 않으신다. 그분은 양면을 보시면서, 그분의 눈에 보이는 것을 말씀해주실 뿐인데도 우리의 눈에 모순처럼 보일 수 있다.

욥기 12장에서 지혜는 전혀 다른 모습으로 제시된다.

이제 모든 짐승에게 물어 보라 그것들이 네게 가르치리라 공중의 새에게 물어 보라 그것들이 또한 네게 말하리라 땅에게 말하라 네게 가르치리라 바다의 고기도 네게 설명하리라 이것들 중에 어느 것이 여호와의 손이 이를 행하신 줄을 알지 못하랴 모든 생물의 생명과 모든 사람의 육신의 목숨이 다 그의 손에 있느니라 입이 음식의 맛을 구별함같이 귀가 말을 분간하지 아니하느냐 늙은 자에게는 지혜가 있고 장수하는 자에게는 명철이 있느니라 지혜와 권능이 하나님께 있고 계략과 명철도 그에게 속하였나니 그가 헐으신즉 다시 세울 수 없고 사람을 가두신즉 놓아주지 못하느니라 그가 물을 막으신즉 곧 마르고 물을 보내신즉 곧 땅을 뒤집나니 능력과 지혜가 그에게 있고 속은 자와 속이는 자가 다 그에게 속하였으므로 욥 12:7-16

우리가 기억해야 할 것은 속은 자와 속이는 자가 다 그분께 속했다는 것이다. 하나님은 인간을 그분의 손 안에 쥐고 계시다. 그렇다고 이 말이 그들 모두가 그분의 자녀라는 뜻은 아니다. 이 말은 그분이 그들을 손안에 쥐고 계시며, 결국 그들에게서 그분의 뜻을 이루실 것이라는 의미이다.

여기서 우리가 알 수 있는 것은 무엇인가? 욥이 "나는 모든 곳을 보았다. 탄광에서부터 사망과 멸망까지 보았다. 하지만 누구도 나를 도울 수 없었다. 나는 지혜를 얻을 수 없었다"라는 취지로 말한다는 것이다. 그리고 그는 "모든 짐승에게 물어보라 그것들이 네게 가르치리라"(욥 12:7)라고 말한다.

욥은 '자연적 본능'이라는 것이 있다고 말하는 것이다. 들판의 짐승에게도 자연적 본능이 있다. 하늘을 이곳저곳 날아다니거나 땅에서 걸어 다니거나 바다에서 헤엄치는 생물들에게도 자연적 본능이 있다. 우리는 이런 자연의 법칙을 '본능'이라고 부른다. 욥이 말하는 바도 이것이다. 이런 본능에 따라 새들은 가을에는 남쪽으로 날아가고 봄에는 다시 북쪽으로 날아온다.

왜 캐나다 기러기들이 캐나다에서 둥지를 틀고 새끼를 낳은 후 봄에 새끼들을 남쪽으로 데려가는가? 내가 분명히 말할 수 있는 것은 그것들이 스스로의 어떤 계획에 따라 그렇게 하는 것이 아니라는 것이다! 그들 중에 왕이 있는 것이 아니다. 다스리는 자도 없다. 학교에서 배웠기 때문에 그렇게 하는 것도 아니다. 그렇게 하도록 어떤 공학자가 계산을 뽑아주는 것도 아니다. 창조자께서 그들 안에 심어주신 본능에 따라 그렇게 하는 것이다!

욥은 하나님께서 그분의 무한한 지혜 가운데 막후에서 어떻게 일을 이루어가시는지에 대해 말한다. 옛 외경에 의하면, 하나님의 지혜가 영원히 하나님과 함께 있고, 하나님은 그분의 지혜를 모든 피조물에게 부어주셨다. 그렇다! 온 세상에 그분의 지혜가 부어지고 있다.

인간에게 물어보라

이러한 본능과 다른 종류의 지혜가 또 있다. 그것은 '2차적 지혜'라고 부를 수 있는 것으로, 인간이 소유한 지혜를 말한다. 과학자, 철학자, 정치가 또는 공학자처럼 머리 좋은 사람들에게는 이런 지혜가 많을 것이다. 하지만 이런 지혜는 내가 이제까지 강조한 지혜가 아니다.

사실, 이런 지혜는 상식과 비슷한 것이다. 굳이 '지혜'라는 표현을 쓰려면 물을 탄 것처럼 '묽어진 지혜'라고 할 수 있으니, 타락한 인간에게 어울리는 지혜이기도 하다. 술에 취해 비틀거리며 걷는 사람에게도 자기의 집이 어디에 있는지를 알 수 있을 정도의 분별력은 있다. 이런 분별력은 누구에게나 있으며, 심지어 조직폭력배에게도 있다. 하나님께서는 이런 유용한 분별력을 모든 사람에게 조금씩은 주셨다. 물론 이것으로 구원에 이를 수는 없지만(회개하고 거듭나지 않으면 구원에 이를 수 없다), 이런 선물을 인간이 하나님께 받은 것은 사실이다.

어떤 이들은 인간에게 지혜가 있다고 말하기를 두려워한다. 성경이 인간의 지혜를 경계하라고 가르치기 때문이다. 이런 식으로 생각하는 사람들은 '의인'(義人)이라는 말을 사용하기 두려워한다. 성경은 인간에게 의가 없다고 가르치기 때문이다. 비판하기를 좋아하는 사람들은 심지어 성경에 모순이 있다고 말할 것이다. 그러나 이런 사람들은 언어의 표현에 얽매여, 언어에 담긴 깊은 뜻을 간과하고 있다.

여기서 우리는 절대적인 것과 상대적인 것을 구별해서 생각해야 한다. 더 이상 개선될 수 없는 것이 있는데, 그것은 하나님께 속한다. 반면에 개선의 여지가 있는 것이 있다. 그것은 인간에게 속한다.

전깃불을 발명한 사람은 지혜로운 사람이었지만 그의 지혜는 상대적인 것이었다. 그러나 이 사람을 지으신 크신 하나님에게는 절대적이고 무제한적이며 끝없는 지혜가 있다. 성경이 '하나님 외에는 선한 자가 없다'라고 말하는 것은 그분처럼 절대적으로 선한 자가 없다는 뜻이다. 반면 성경이 어떤 사람에 대해 '성령충만한 선한 사람'이라고 말한다면, 그 사람은 상대적으로 선하다는 뜻이다.

안타깝게도 우리는 말이 우리를 혼란시키도록 허락했고, 말의 이치를 차분히 따져보는 인내심을 잃어버렸다. 그래서 어떤 이가 "나는 거룩해지고 싶습니다"라고 말하면 우리는 득달같이 그를 만나 "당신은 거룩해질 수 없습니다. 오직 하나님만이 거룩하시다는 걸 모릅니까?"라고 말한다. 어떤 이가 "나는 의롭게 되게 해달라고 하나님께 기도했습니다"라고 말하면 우리는 "당신은 의로워질 수 없습니다. 하나님 한 분만 의로우시다는 걸 모르십니까?"라고 따진다. 그러나 분명히 알아야 할 것이 있다. 우리가 거듭날 때 하나님의 거룩함과 의가 우리에게 주어지고 그분이 우리 안에서, 우리를 통해 사신다는 것을!

하나님은 "내가 거룩하니 너희도 거룩할지어다"(벧전 1:16)라고 말씀하셨다. 그분은 "갑자기 나만큼 거룩해져라"라고 말씀하지 않으셨다. 그분의 뜻에 따라 성령께서 우리 안에 거하실 때 성령은 우리를 거룩하게 만드신다.

하나님은 의로운 자들과 불의한 자들 모두에게 비를 내려주신다. 심지어 온 세상에서 가장 완고한 죄인을 위해서도 그렇게 하신다. 우리 모두는 그분이 비를 내려주시기를 바란다. 그분이 햇볕을 보내시면 눈이 녹고, 땅이 온기를 되찾으며, 풀이 자라기 시작하고, 열매들이 나타난다. 지극히 완고한 죄인도 기도하고 금식하고 열심히 일하는 성도만큼 그분께 의존해 살아가는 것이다. 이처럼 그분은 모든 이에게 어느 정도의 지혜를 주신다.

저 위의 모든 밝은 세상들을 통해서 보라!
천만 가지 아름다움이 펼쳐지도다.
땅과 하늘과 광대한 바다가 합력하여
그분의 온전히 거룩한 지혜를 말해주도다.

_ 존 니드햄 (John Needham)
〈내 혀야, 깨어나 찬사를 올려드려라〉

10 CHAPTER

피조세계에 부어진
하나님의 지혜

―

오, 주 하나님! 제 마음에 부어진 당신의 지혜는 이 세상의 그 무엇으로도 채울 수 없는 당신을 향한 갈망을 제게 심어주었습니다. 예수님의 이름으로 제 마음을 채우셔서 당신으로 차고 넘치게 하소서.

하나님의 피조세계를 깊이 살펴보면, 그분의 지혜가 온 피조세계에 영향을 미치는 것이 보인다. 하지만 유감스럽게도, 하나님께서 골짜기에 가득 채워주신 만나를 담을 그릇이 우리에게는 없다.

'그릇'(receptacle)이라는 단어와 '수용성'(receptivity)이라는 단어는 동일한 어원에서 나왔다. 즉 그릇은 받아들여 담는 기능을 담당한다. 하나님은 햇빛을 인류에게 내려주시듯 그분의 지혜를 인류에게 부어주셨다.

이렇게 상상해보자. 어떤 생물들이 어두운 동굴 속에 살면서 이제까지 태양을 한 번도 보지 못했다. 그것들은 제한된 환경 안에서 어느 정도의 지혜를 갖고 있겠지만, 그것들이 모르는 더 높은 단계의 지혜가 있는 법이다.

우리는 지극히 낮은 장막들에게 내려온 지혜에 대해 이야기해왔다. 이 지혜는 비둘기나 오리나 거위의 가슴 안에 거한다. 심지어 눈에 잘 띄지 않는 구석으로 기어가 고치를 만들고 그 안으로 들어가 따뜻한 봄을 기다리는 벌레의 가슴 안에도 거한다.

또 다른 지혜가 있는데 이것은 하나님이 인류에게 주신 지혜이다. 인류는 이 지혜를 받아들일 능력이 있다. 즉 지혜로운 사람들이 있다. 한 나라의 대통령은 지혜로운 사람임에 틀림없다. 총리, 주지사 그리고 시장도 마찬가지이다. 이런 사람들에게 어느 정도의 지혜가 있는 것이 분명하다. 그러나 이들의 지혜는 상대적인 것이다.

나는 이런 사람들의 지혜보다 더 높은 차원의 지혜에 대해 이야기하고 싶다. 즉 영원한 지혜가 우리 안으로 들어오는 것, 우리의 내면의 눈이 열리는 것, 더 차원 높은 계몽, 그리고 기름 부음 받아 눈을 뜨게 되는 것에 대해 말하고 싶다.

내 눈을 열어 보게 하소서

오늘날의 성경 선생들은 성경에 나오지 않는 것들이나 신비주의에 대해 글을 쓰는 데 많은 시간을 투자한다. 하지만 내가 볼 때, 그들은 더 많은 시간을 투자해서 하나님을 앙망하고 금식하면서 "내 눈을 열어주시고, 내 마음에 기름을 부어주소서"라고 기도해야 한다.

우리의 찬송가들은 이 영원한 지혜를 노래한다. 침례교 신자, 장로교 신자, 퀘이커교도, 감리교 신자, 루터교 신자 그리고 멀리 중세의 그리스도인들까지 이 지혜를 노래했다.

이런 지혜가 주어진 것은 하나님의 선물이다. 이 선물은 때에 맞춰 남쪽으로 날아갈 수 있도록 새들에게 주어진 지혜의 선물, 그리고 우주선이나 전깃불을 발명할 수 있도록 인간에게 주어진 지혜의 선물과는 전혀 별개로 주어지는 것이다.

이 일은 당신에게 이미 일어났거나 아니면 전혀 일어나지 않았을 것이다. 둘 중 하나이다. 이것은 점진적으로 조금씩 주어지지 않는다. 인간은 이 세상에 태어났거나 아니면 태어나지 않은 것이다. 마찬가지로, 인간은 거듭 났거나 아니면 거듭 나지 않은 것이다. 점진적으로 조금씩 거듭 나는 것은 불가능하다. 점진적 거듭남을 주장하는 교리는 그리스도의 교회가 앞으로 전진하지 못하도록 마귀가 만들어낸 교리이다.

어떤 이들은 "진정한 거듭남은 이상(理想)일 뿐이며, 실제로는 불가능하다"라고 말한다. 선지자나 사도라고 자칭하는 사람, 또는 어떤 사람이 찾아와 "내가 당신에게 찾으라고 말하지만, 장담하건대 당신은 찾지 못할 것이다. 당신에게 목적지까지 가라고 말하지만, 단언컨대 거기에 이르지 못할 것이다. 갈망하라고 말하지만, 갈망하는 것을 얻지는 못할 것이다"라고 말한다고 가정해보자.

만일 그들의 말이 옳다면, "알겠습니다. 그럼 당신은 전에 하던 묵상을 계속하십시오. 나는 내일 죽을 것이니 세상으로 가서 세상 즐거움을 마음껏 맛봐야겠습니다"라고 말하는 사람이 지혜로운 사람일 것이다. 만일 내가 이제까지 가르친 모든 것이 결코 도달할 수 없는 이상에 불과하다면, 나는 그런 꿈같은 이상에 더 이상 매달리지 않을 것이다.

그러나 나는 거듭남이 도달할 수 없는 이상이 아니라고 믿는다! 하나님께서 능력과 지혜와 은혜의 강물이 흐르도록 성령을 부어주겠다고 약속하셨다는 것을 나는 믿는다.

이 세상은 내 집이 아니다

또 다른 종류의 지혜가 있는데, 더 좋은 표현이 없기 때문에 '신적 이주본능'이라고 부르겠다. 사랑받은 자 요한의 증언에 의하면, 예수님은 "나를 보내신 아버지께서 이끌지 아니하시면 아무도 내게 올 수 없으니 오는 그를 내가 마지막 날에 다시 살리리라"(요 6:44)라고 말씀하셨다.

세상에 와서 각 사람에게 비추는 빛이 있다. 우리의 발걸음을 하나님께 향하게 하는 것은 일종의 '신적 이주본능'이다.

하나님은 그분의 뜻에 따라 사람들에게 이주본능을 심어주신다. "이 세상은 내 집이 아니다"라고 말하는 사람에게 이 본능을 주신다. 예를 들어, 야곱에게는 이 본능이 있었지만 에서에게는 없었다. 두 사람 중 야곱에게만 이 본능이 있었던 것이다. 바람이 몰아치는 광야에서 어느 날 밤 그는 땅에서 하늘까지 닿은 사다리를 보았다. 그의 마음속의 그 무엇이 하나님께 소리쳤고, 그는 회심했다.

다윗에게 있었던 것이 사울에게는 없었다. 사울은 다윗보다 잘 생겼다. 다윗은 얼굴이 붉고 체구가 작았지만 사울은 크고 건장했다. 오늘날의 사람들이 사울을 보면 농구선수 같다고 말할 것이다. 모든 백성보다 키가 어깨 위만큼 더 컸기 때문이다. 그는 잘 생겼지만, 그가 하나님의 음성을 들었다는 것을 말해주는 징후는 전혀 보이지 않는다. 하지만 다윗은 그분의 음성을 들었다. 다윗은 죄를 지었지만 회개했다. 아무리 큰 죄인이라고 해도 회개하면 된다. 회개하겠다는 마음이 있는 사람은 하나님을 만나게 될 것이다.

베드로와 가룟 유다는 모두 예수님의 제자였다. 그러나 베드로는 그리스도를 부인했고, 유다는 그분을 배반했다. 두 사람은 그분과 3년을 함께 지내면서 그분이 병자들을 고치시고, 죽은 자들을 살리시며, 파도를 잔잔케 하시고, 물로 포도주를 만드시고, 소경들의 눈을 뜨게 하시고, 귀머거리들로 듣게 하시는 것을 보았다.

두 사람에게 주어진 기회는 동일했다. 그때 베드로는 두려움에 사로잡혀 겁쟁이처럼 도망했지만, 그 후 자기의 죄를 깨닫고 통곡했다. 그에게는 하나님께 돌아가려는 본능이 있었지만, 유다에게는 그런 본능이 없었다. 그러므로 유다는 제자였음에도 불구하고 결국 죽어서 자기에게 합당한 곳으로 갔다.

돌이켜 회개하고 믿으라

오늘날 우리의 문제는 물질에 사로잡혀 있다는 것이다. 우리는 하나님을 추구하지 않고 물질을 추구한다. 바울은 디모데에게 "오직 너 하나님의 사람아 이것들을 피하고 의와 경건과 믿음과 사랑과 인내와 온유를 따르며"(딤전 6:11)라고 가르쳤다. 그러나 우리는 물질 추구하기를 포기하지 않으며, 우리에게 비추어진 빛마저 모두 무시해 버렸다.

"참 빛 곧 세상에 와서 각 사람에게 비추는 빛"(요 1:9)이 있기 때문에 각 사람은 핑계할 수 없다. 하지만 많은 이들이 이 안내자를 무시하면서 복음의 빛을 찾지 않았고, 심지어 어떤 이들은 복음의 빛을 발로 밟고 등을 돌렸다.

우리가 신학의 깊고 오묘함을 다 이해할 수 있는 것은 아니다. 나는 그렇다. 마태복음에는 "수고하고 무거운 짐 진 자들아 다 내게로 오라 내가 너희를 쉬게 하리라"(마 11:28)라는 예수님의 말씀이 나온다. 이 말씀은 무슨 의미일까? 우리가 그것을 정확히 이해하지 못할지라도 하나님께서 우리에게 말씀하셨거나 또는 지금 말씀하고 계시다고 느껴진다면 우리는 그분의 말씀에 즉시 반응해야 한다.

하나님께서 당신을 그냥 지나치지 않으시고 당신의 영에게 빛을 비추어주시며 "집으로 돌아오라!"라고 말씀하시는 것에 대해 무릎 꿇고 감사하라. 당신 안에 이주본능이 있다면, 이곳이 당신의 집이 아니고 이 세상이 당신을 위한 장소가 아니라는 것을 알게 되었다면, 죄에서 돌이켜 회개하고 주 예수 그리스도를 구주로 믿어라.

지혜가 하나님과 함께 거한다. 그분은 그분의 모든 피조물에게 그 지혜를 부어주시되, 그것들이 받아들일 수 있는 한도 안에서 얼마든지 부어주신다. 가장 지혜로운 사람은 주님께 돌이켜 회개하고 믿는 사람이다. 지혜를 보여주는 가장 큰 증거는 주님께 돌이켜 예수 그리스도를 통해 의를 구하는 것이다.

오, 무한한 지혜, 지극히 높으신 하나님!
오, 하늘과 땅을 만드신 분이시여!

나누어진 물이
위로 하늘에서, 아래로 땅에서
흐르도록 명하시는 분이시여!

_ 가브리엘 질레트 역 (Latin by Gabriel Gillett)
〈오, 무한한 지혜, 지극히 높으신 하나님〉

11 CHAPTER

지혜로 삶의 변화를
경험하라

하늘에 계신 아버지! 제게 빛을 비추어주소서. 그러면 제가 당신의 관점으로 보게 될 것이며, 제 삶에서 당신의 손길을 보게 될 것입니다. 당신의 지혜가 제 삶 속에 부어져 제 삶이 풍성해졌으니 당신을 찬양합니다. 당신이 제 삶에서 행하시는 것을 보고 제 환경을 받아들이게 하소서.

잠언을 읽는 사람은 지혜를 찾으라는 절박하고도 강력하며 유창한 권면을 읽게 될 것이다. 지혜를 얻기 위해 수고하고, 지혜를 얻기 위해 모든 것을 팔고, 온갖 수단을 통해 지혜를 얻으라는 권면 말이다! 잠언 4장에서 성령께서는 방황하는 인간의 아들들에게 "내 말을 받으라 그리하면 네 생명의 해가 길리라"(잠 4:10)라고 강하게 말씀하신다. 구약의 다른 부분들에서도, 예를 들면 시편이나 예언서들에서도 지혜는 잠언에서만큼 시적(詩的)이고 다채로운 용어들을 통해 표현된다. 반면, 지혜에 대한 신약의 언어는 교리적 색채를 더 짙게 띤다.

오류 위에 서 있는 사람들

그렇다면 이런 것들이 우리에게 무슨 의미를 가질까? 만일 이것들이 단지 문학적 수사(修辭)에 그친다면 무슨 가치가 있겠는가? 이것들이 지금의 내 삶을 어떻게 바꿀 수 있을까? 나는 이런 질문들을 던지고 싶다.

성경은 종종 지혜로운 자와 미련한 자에 대해 말한다. 지혜로운 자는 하나님의 마음에서 나오는 신적 지혜의 주입을 통해 조명(照明)을 받은 사람이지만, 미련한 자는 그렇지 못하다. 성경에 의하면, 미련한 자는 밀과 겨를 구별하지 못하고, 곡식의 낟알과 진주를 분간하지 못한다. 유리와 다이아몬드를, 산 자와 죽은 자를 구별하지 못한다. 영원한 가치를 알아볼 수 있는 능력이 전혀 없다.

인간 사회는 미련한 자들의 오류 위에 세워져 있다. 이 말이 매우 잔인하게 들릴 수도 있겠지만, 성경의 관점에서 생각해보면 이 말은 그나마 관대한 표현이다. 내가 이렇게 말하는 것은 미련한 자가 미래의 결과를 전혀 고려하지 않고 행동하기 때문이다.

그는 이 세상 외에도 다른 세상이 없는 것처럼, 자기가 장차 죽지 않을 것처럼 살아간다. 그런데 이상한 것은 이런 식의 삶의 방식이 오직 도덕적 영역에서만 일어난다는 것이다. 그는 자기가 이 땅에 영원히 머물지 못한다는 것을 지적(知的)으로 아주 잘 알고 있다. 그래서 생명보험을 꼬박꼬박 챙기고, 유서를 써놓고, 자기 사후의 집안일에 대해 준비해놓는다. 하지만 도덕적 영역에서는 이 땅에서 영원히 살 것처럼, 죽음이나 내세가 없는 것처럼 살아간다. 이것이 미련한 자의 모습이다. 이렇게 우리의 사회 전체는 미련한 자들의 오류 위에 세워져 있다.

야망을 예로 들어보자. 야망은 사람들을 몰아가고, 노예로 만들고, 자기의 길을 달려가게 만들지만 결국에는 그들을 절망의 구렁텅이로 던져버린다. 또 다른 예를 들자면, 우리에게는 늘 죽음이 조금씩 다가오고 있지만 사회는 사람들을 안심시키기 위해 이런저런 오락거리를 만들어놓았다. 성경은 이런 것들을 고칠 수 있는 것이 바로 지혜라고 말한다.

오류를 수정하는 지혜

성경은 여호와 경외하기를 깨닫고 하나님을 알게 해주는 조명이 인간의 마음에 주어지는 것이 가능하다고 말한다.

지식을 불러 구하며 명철을 얻으려고 소리를 높이며 은을 구하는 것같이 그것을 구하며 감추어진 보배를 찾는 것같이 그것을 찾으면 여호와 경외하기를 깨달으며 하나님을 알게 되리니 잠 2:3, 5

이런 조명을 받은 사람에 대해 잠언은 "네가 공의와 정의와 정직 곧 모든 선한 길을 깨달을 것이라"(잠 2:9)라고 말한다.

1. 선한 길을 깨닫다

그렇다면 길거리에서 흔히 만날 수 있는 보통 사람들은 의와 심판과 공평과 모든 선한 길에 대한 이해력을 갖고 있을까? 자기의 삶을 어떤 방향으로 끌고 가야 할지 고민하는 많은 사람들을 보라. 그들의 문제는 무엇일까? 그들의 고민 중 많은 것은 "내가 원하는 것을 얻고 인생을 최대한 즐기면서도 그 대가는 지불하지 않는 방법을 말해줄 안내자가 있으면 좋겠다"라는 생각을 가진 도덕적 반역자의 욕망에서 비롯되었다.

이런 사람들을 돕겠다고 나서는 상담가들이 많이 있다. 이들은 젊은이들을 만나 가르침을 베푼다고 하지만, 그들의 가르침은 젊은이들이 자기 멋대로 살면서 십자가를, 회개를, '자아의 죽음'을 피하다 결국 하나님의 뜻을 외면하도록 만들 뿐이다. 그러나 하나님의 지혜를 가진 사람에게는 분별력이 생겨 잘못된 선택과 거짓 상담가를 거부하게 될 것이다.

2. 미련함에서 벗어나다

하나님의 지혜를 가진 사람은 그분의 도움 없이 일을 추진하는 잘못을 범하지 않게 된다. 그리스도인들은 그분이 돕지 않으시는 일을 추진할 바에는 차라리 심판 때까지 두 손 놓고 있는 것이 더 낫다. 그분의 지혜는 '하나님의 복이 함께하지 않는 기획'을 밀고 나가는 미련함에서 우리를 구해준다.

3. 거짓 교리를 피하다

그분의 지혜가 분별력을 주기 때문에 그분의 진리를 알면 거짓 교리를 피하게 된다. 겉과 속이 다르지만 듣기에 그럴 듯하고 복잡한 거짓 교리의 궤변에 속아 넘어가는 사람들이 너무 많다. 그러나 성령께서 함께하시면 거짓 교리와 참 교리를 구별하게 된다. 성경 말씀을 암송하는 일은 아주 훌륭한 것이지만, 단순히 암송하기만 할 것이 아니라 잘못된 적용을 피하고 정확히 성실하게 적용해야 한다. 지혜의 거룩한 빛을 받은 사람은 결코 거짓 신을 따르지 않을 것이다.

오늘날에는 거짓 목자들의 목소리가 도처에서 들린다. 만일 당신이 그들의 전제(前提)를 따라가면서 그들과 이야기하게 되면 그들에게 넘어갈 수밖에 없다. 거짓 전제로 사람들을 미혹하는 훈련을 받은 자들이기 때문이다. 그러나 참 신자는 하나님의 음성을 들으며, 또 그분의 음성을 안다.

4. 하나님의 손길을 보다

지혜는 우리에게 하나님의 손길을 보게 한다. 많은 이들이 그분의 손을 보지 못하거나 사람의 인위적인 손을 그분의 손으로 오해한다. 구약에서는 "네가 나를 여호와인 줄을 알리라"라는 말씀이 다양한 형태로 거듭 나온다. 그분이 여호와시라는 것을 알려는 마음이 있는 사람에게 그분은 자신을 나타내실 것이다.

우리는 종종 우리를 섭리 가운데 이끌고 계신 그분의 손을 보지 못한다. 옛 교부들은 그분의 섭리에 대해 설교하면서 하나님의 모든 행하심은 다른 모든 것들과 조화 있게 딱 들어맞는다고 했다. 그분은 우주의 길들로 다니시면서 만사가 서로 조화를 이루게 하신다. 그분의 행하심의 목적은 당신을 위해 승리를 거두시는 것이다.

지금 당장은 그분의 섭리가 보이지 않을 수도 있지만, 결국에는 성령의 도우심을 받아 그분을 우러러보며 "오, 하나님! 이제 이 모든 것들에서 당신의 손길을 보게 하심을 감사하나이다"라고 말씀드리게 될 것이다.

5. 하나님의 임재를 경험하다

하나님의 지혜가 함께하면 그분의 임재를 느끼게 된다. 우리는 구약에서 야곱이 깊은 잠에서 갑자기 깨어났던 이야기를 읽었다. 나는 그가 벌떡 일어나 주변을 둘러본 다음에 "여호와께서 과연 여기 계시거늘 내가 알지 못하였도다 … 두렵도다 이곳이여 이것은 다름 아닌 하나님의 집이요 이는 하늘의 문이로다"(창 28:16,17)라고 말했을 것이라고 상상한다.

우리가 항상 하나님의 임재를 보게 된다면, 이 세상이 달라지지 않겠는가? 우리의 삶도 달라지지 않겠는가? 우리의 봉사도, 우리의 죽음도 달라질 것이다.

나는 기도회에서 사람들이 "당신이 우리와 함께 계실 것이라고 말씀하셨으므로 우리와 함께 계십니다"라고 기도하는 것을 듣곤 한다. 이 기도에 담긴 논리는 물론 맞다. 야곱도 하나님이 어느 곳에나 계시다는 것을 알 정도로 논리적으로 사고하는 사람이었다. 그러나 그는 그분이 섭리 가운데 정하신 그날 밤에야 비로소 그분의 임재를 보았고, "아! 하나님이 여기에 계신데 이제야 내가 깨닫는구나!"라고 중얼거렸다. 그분의 임재를 항상 알게 해주는 빛이 우리에게 있다면, 죄와 어둠으로 가득 찬 이 세상이 얼마나 달라지겠는가!

6. 영적 눈이 열리다

하나님의 지혜는 우리로 하여금 그분의 징계의 손을 보게 해준다. 우리에게 어려움이 찾아오는 이유는 둘 중 하나라고 보면 된다. 우선, 그것은 우리가 이제까지 살았던 삶에 대한 대가를 치르는 것일 수 있다. 아니면, 우리의 하늘 아버지께서 우리를 더 좋은 사람으로 만들기 위해 연단하시는 것일 수 있다. 그분의 빛이 우리의 얼굴에 비추지 않을 때 우리는 논리적 생각에만 집착해서 "이 고통은 마귀 때문이다"라고 말하거나 다른 사람을 탓한다. 조명을 받지 못한 사람은 자기가 하나님께 벌을 받는 것인지 아닌지조차 분간하지 못하기 때문이다.

하나님께서 사랑하시는 사람들 중 어떤 이들은 주먹을 꽉 쥐고 세상을 살아간다. 그들은 기도하고, 성경을 읽고, 교회에 출석하고, 선교헌금을 내지만 주먹을 꽉 쥐고 싸우며 '나는 누구에게도 호락호락 당하지 않겠다'라고 생각한다. 나도 그들이 누구한테 호락호락 당할 것이라고 생각하지는 않는다. 하지만 그들이 사람들과 싸울 필요를 느끼지 못할 정도로 매사에 하나님의 손길을 본다면 얼마나 좋을까!

바울은 우리가 혈과 육에 대항해 싸우는 것이 아니라고 말한다. 하나님께서 어떤 상황들에서 무엇을 이루려고 하시는지를 볼 수 있는 영적 눈이 있는 사람은 사람들과 싸울 필요가 없다. 위원회의 위원들, 집사들, 장로들 그리고 하나님의 모든 자녀들이 조명을 받는다면 하나님처럼 생각하게 될 것이고, 교회에서 소란이나 분열이나 다툼이 일어날 이유들이 거의 사라지게 될 것이다.

하지만 우리는 조명을 받은 자처럼 행동하지 못하고, 중앙

은행이나 대기업의 경영자들처럼 머리를 써서 문제를 해결하려고 한다. 마치 사업을 하듯 논리적으로 생각해서 어려움을 헤쳐 나가려고 하는 시도가 교회에서도 발견되는 것은 하나님의 손길을 구하지 않기 때문이다. 우리는 그분이 무엇을 행하시려는지를 모르고, 그분의 관점에서 보지도 못한다.

부모가 사랑하는 아들을 징계하듯이 하나님이 당신을 징계하고 계신다는 것을 알면 당신의 고통의 쓰라림이 사라질 것이다. 심지어 눈물을 흘리면서도 얼굴에는 미소가 번질 것이다. 당신이 자꾸 어려워지는 것이 하나님의 손길 때문이라는 것을 알게 되면 오히려 기뻐할 수도 있을 것이다.

그런데 이런 깨달음을 얻기 힘든 이유는 그분이 손을 들어 당신을 징계하실 때마다 마귀가 당신에게 "너는 정당한 형벌을 받는 거야"라고 속삭이기 때문이다. 하나님의 허락에 따라 누군가 당신에게 접근해 괴롭히고 핍박하면, 마귀는 "너에게 문제가 있어서 저 사람이 너를 가혹하게 대하는 거야. 너는 저 사람이 밉지?"라고 말할 것이다.

지혜를 구하라

'불공평하다'라는 말을 들을 때마다 나는 움츠러든다. 거룩한 사람은 그런 식으로 불평하지 않기 때문이다. 그들은 세상이 본래 공평하지 않다는 것을 잘 알고 있다. 그리스도인은 그를 공평하게 대우하는 세상에 살고 있지 않다. 세상은 그리스도도 공평하게 대우하지 않았다. 사도들을 정당하게 대우한 자들이 있었는가? 없었다! 하나님의 사람들은 이 세상에 살면서 악에게 악으로 대항하지 않는다. 우리는 비난을 받아도 남을 비난하지 말아야 한다. 사람들이 불붙은 석탄을 우리 위에 쏟아부어도 분노하지 말고, 오히려 다른 불을 그들의 머리에 올려놓는 친절함을 보여야 한다.

그러나 그렇게 하지 못하는 것이 현재 그리스도 교회의 문제이다. 지금 우리는 그런 경지에서 살고 있지 못하다. 하나님의 손길을 알아보고, 그분의 임재를 의식하며, 그분의 징계와 그분의 진실을 보는 영광스런 차원에서 살아야 하는데 그렇지 못하다. 그러므로 우리는 하나님의 말씀을 마음 판에 새겨야 한다.

지혜를 얻은 자와 명철을 얻은 자는 복이 있나니 잠 3:13

지혜가 제일이니 지혜를 얻으라 네가 얻은 모든 것을 가지고 명철을 얻을지니라 잠 4:7

그렇다 할지라도
당신의 얼굴을 구하는 우리 위에

당신의 은혜의 생수를 부어주소서.
마음속의 생명의 샘을 새롭게 하시고,
파멸시키는 죄의 불을 꺼주소서.

_ 가브리엘 질레트 역 (Latin by Gabriel Gillett)
  〈오, 무한한 지혜, 지극히 높으신 하나님〉

12 CHAPTER

하나님의
영광을 아는 빛

―

오, 위로부터 임하시는 영원한 지혜시여! 저를 찾으사 저를 영원한 길로 인도하소서. '미지(未知)의 구름'을 뚫고 당신의 얼굴을 보게 하시고, 당신의 얼굴이 제 삶의 모든 부분을 바꾸어놓게 하소서. 당신의 거룩함의 아름다움 가운데 당신을 보기를 갈망하오니, 당신의 존전을 떠나 방황하지 않게 하소서. 오, 주여!

그리스도의 얼굴에 있는 하나님의 영광을 아는 빛을 우리 마음에 비추어주시는 것이 하나님의 지혜의 가장 중요한 부분이라고 생각한다. 그러나 하나님의 지혜가 우리 주변에서 늘 맴돌고 있음에도 불구하고, 사람들은 기다림의 시간을 헛되이 보내며 그 지혜를 보지 못한다. 우리는 "어두운 데에 빛이 비치라 말씀하셨던 그 하나님께서 예수 그리스도의 얼굴에 있는 하나님의 영광을 아는 빛을 우리 마음에 비추셨느니라"(고후 4:6)라는 말씀을 붙들어야 한다.

그리스도를 대면하다

나는 예수 그리스도의 얼굴에 초점을 맞추려 한다. 단지 소문으로만 그분을 알지 않는 것이 그리스도인의 큰 목표이다. 우리가 어떤 사람을 피상적으로만 알다가도 그 사람과 얼굴을 마주 대하면 그가 어떤 사람인지 정확히 알게 된다.

우리가 예수 그리스도의 얼굴을 직시할 때 살아 계신 하나님을 보게 된다. 이것은 단지 어떤 종교적 현상이 아니다. 단지 내 양심의 명령에 따라 행하는 어떤 일이 아니다. 하나님을 가능한 한 가장 깊고 친밀하게 아는 일이다.

어떤 사람의 얼굴을 들여다보면 그가 진실을 말하는지 아니면 거짓을 말하는지를 알 수 있다. 관상쟁이라는 사람들이 있는데, 관상을 봐주고 돈벌이를 꽤 잘하는 재주가 있는 자들이다. 물론 나는 이런 관상을 말하는 것이 아니다. 내가 말하는 것은, 우리가 어떤 단계에 이르면 마치 얼굴과 얼굴을 대하여 보듯이 하나님을 알 수 있다는 말이다. 그런 경험을 하게 되면 그분의 영광을 보게 된다.

옛날에 헨리 수소(Henry Suso, 약 1296~1366. 독일의 신비가)라는 위대한 사람이 살았다. 나는 그의 글들을 읽었고, 지금도 그의 찬송가들을 부르려고 노력한다. 그는 몇 편의 탁월한 찬송가와 위대한 글들을 남겼다. 그런 그가 자신의 과거를 회상하며 남길 글에 "아주 젊었을 때 나는 어떤 강력한 충동에 이끌려 오류의 길에서 벗어나게 되었다"라는 부분이 있다.

그때 그는 영원한 지혜가 다가와 그를 만나주고 평탄한 길이나 험한 길에서 그를 이끌어 결국 하나님께, 즉 진리의 길로 다시 돌이키게 해주는 환상을 보았다. 그는 지혜에게 "오, 사랑하는 온유의 주여! 어릴 적부터 저는 말로 다 표현할 수 없이 갈급한 마음으로 무엇인가를 찾았지만, 그것이 무엇인지 알 수 없고 온전히 이해할 수도 없었습니다"라고 말했다. 그리고 영원한 지혜의 음성을 들었다.

"네가 찾았던 그것은 바로 나, 영원한 지혜이다. 나는 영원 전부터 나를 위해 너를 택했고, 내 영원한 섭리의 품 안에 품었다. 네가 이제까지 살아온 길에서 내가 너를 붙들어주었다. 네가 희망을 걸었던 피조물마다 결국 너를 실망시킨 것은 내가 그렇게 했기 때문이다."

회심하기 전에 당신이 아무리 즐겁게 살았다 해도 당신에게는 항상 공허감과 쓰라림이 있었을 것이다. 늦은 시간까지 밖에서 즐거움을 맛본 후 집으로 돌아가곤 했던 시간들을 기억해보라. 집에 도착해서 맞을 저녁 시간의 즐거움을 머리에 떠올리면 가슴 가득 짜릿함이 몰려왔겠지만, 그 짜릿함이 서서히 사라지면서 마음은 다시 공허감으로 가득해졌을 것이다.

당신은 즐거움을 찾았다고 생각했고, 또 즐거운 시간을 보냈지만, 결국 아니었다. 그 무엇인가를 찾고 또 찾았지만 발견하지 못했다. 그래서 당신은 나갔고, 돈을 지불했으며, 친구들과 함께 긴 시간 동안 다채로운 즐거움을 나누었지만, 거기에는 무엇인가 빈자리가 있었다.

수소의 말에 의하면, 영원한 지혜는 "모든 피조물은 네가 가까이 오지 못하도록 항상 너를 거부했을 것이다. 피조물은 답이 되지 못한다. 그것들이 너를 거부한 것은 그것들이 나를 위해 존재한다는 것을 말해준다"라고 말한다.

지혜를 찾지 못한 사람들

어떤 이들은 수소와 같은 경험을 하고, 또 어떤 이들은 그렇지 않다. 이것을 어떻게 설명해야 할지 나도 모르겠지만, 분명한 것은 그런 경험이 없는 사람들이 있다는 것이다. 이런 사람들은 세상과 세상의 쾌락들을 즐기고 만족감을 얻은 후에도 전혀 씁쓸함을 느끼지 않는다.

우리는 이런 자들의 묘비에 "이가봇(Ichabod, 삼상 4:21)! 영광이 떠났다. 이 사람이 그의 우상들과 함께 있게 되었으니 그를 그냥 내버려 두어라. 그를 위해 기도하지 말라"라고 새겨 넣으면 될 것이다. 하지만 이런 자들과 달리 어떤 이들은 쾌락을 맛본 후에 마음속으로 비참함을 느낀다. 재미있는 것들도 잠시 동안만 그들에게 위로가 될 뿐이다. 즐거운 것들, 연예오락도 위로가 되지 못한다. 그런 것들을 경험해보지만 다시 공허해질 뿐이기에 더 이상 찾지 않는다.

이런 사람들은 결국 "오, 복되고 거룩하신 주님! 세상을 다 뒤져보았지만 제가 원하는 것을 얻을 수 없나이다"라고 말한다. 주님은 그들에게 그 이유를 이렇게 설명해주신다.

"내가 섭리 가운데 네 마음을 움직여 왔는데 네가 그것을 몰랐을 뿐이다. 네가 전혀 모르는 가운데 내가 내 섭리적 인도의 일부를 네 안에서 실행해온 것이다. 너를 위해 영원 전부터 세운 내 계획의 일부 말이다. 내가 네 달콤함을 쓴맛으로, 네 즐거움을 슬픔으로, 네 충족감을 공허감으로 바꾸었다. 내가 너를 이제까지 뒤따라왔다."

하나님이 당신을 찾고 계시다는 것을 알게 되면 당신의 마음은 기쁨으로 충만해질 것이다!

우리를 추적하시는 하나님

프랜시스 톰슨(Francis Thompson, 1859~1907. 영국의 시인 및 금욕주의자)은 〈천국의 사냥개〉라는 제목의 시를 썼다. 나는 이 시를 그렇게 좋아하지는 않는다. 바로 제목 때문이다. 아무리 시의 제목이라 해도 하나님을 천국의 사냥개에 비유하는 것은 나 같으면 도저히 못할 일이다. 그럼에도 불구하고 이 시는 꽤 괜찮은 작품이다. 이 시는 시인이 여러 해 동안 어떻게 하나님을 피해서 도망 다녔는지를 말한다. 이 시가 뛰어난 이유는 시인이 오랜 세월 그분을 피해 다녔지만 그분은 언제나 그를 쫓아오셨다고 말하기 때문이다.

나는 쉽게 감정이 움직이는 사람은 아니지만, 그분이 언제나 내 뒤를 밟고 계시다는 것을 생각하면 가슴이 뭉클해진다. 그분은 이렇게 말씀하신다.

"아들아, 내가 네 뒤를 늘 따라왔다. 네가 어릴 적 주일 오후에 먼 길을 산책할 때 내가 네 뒤를 따랐다. 너는 긴 오솔길을 걸어 올라갔다가 다시 철로를 따라 내려와 바깥쪽으로 나가 숲에 이르렀다. 하지만 그 긴 산책길에서 자연을 즐기고 집으로 돌아왔음에도 불구하고 잠자리에 들 때에는 비참한 기분이었을 것이다."

나는 도박장이라는 곳에 가서 돈을 따보기도 했다. 그리고 이런저런 모임에 가입해서 온갖 쓸데없는 것들에 손을 댄 적도 있다. 나는 그런 것들을 해보았다. 그런 것들이 의미 있다고 생각했기 때문이다. 당시 17세였던 나는 밖에 나가 즐겁게 노는 것이 당연하다고 생각했기 때문에 그렇게 했지만, 돌아오면 늘 비참함을 느꼈다. 밤에 잠자리에 들 때에는 늘 '이런 것들이 다 무슨 소용 있나?' 하는 생각이 들었다. 결국 그 모든 것들을 그만두었고, 수소의 말대로 '오류의 길에서 벗어나게' 되었다.

이런 변화가 왜 내게 일어났을까? 이 의문에 대해 설명해주는 것은 헨리 수소의 말이다. 그에 의하면, 영원한 지혜는 "내가 나를 위해 너를 택하여 내 영원한 섭리의 품 안에 품었노라. 네가 이제까지 살아온 길에서 내가 너를 자주 붙들어주었노라"라고 말한다. 또 수소에 의하면, 지혜는 "네가 창조되지 않은 내 신성(神性)을 알려면, 육체로 고난당한 나를 알아야 한다"라고 말한다. 육체로 고난당한 분을 아는 것이 영원한 복에 이르는 가장 부드러운 길이다.

이 말이 너무 시적(詩的)이고, 너무 어려워서 이해하기 힘들다고 느낄 지도 모르겠다. 그렇다면 좀 쉽게 풀어보자. 우리는 타락해서 낮은 곳으로 떨어졌다. 그러나 들어보라! 하나님은 "네가 영원한 내 신성을 알려면, 육체로 고난당한 나를 알아야 한다"라고 말씀하신다. 고난 받은 구주 안에서는 누구나 머리를 들 수 있다. 믿음으로 고난의 주님께 온 관심을 집중하며 그분께 가까이 가도록 힘쓰자.

"저 높은 영성의 고지까지 날아올라갈 힘이 없다면 예수님의 상처 안으로 숨어라"라는 토머스 아퀴나스(Thomas Aquinas, 1225~1274. 스콜라철학을 대표하는 신학자 및 철학자)의 말을 가슴에 새기자. 당신은 높이 날아오를 수 없지만 예수님의 상처 안으로 피할 수는 있다. 영원한 지혜의 음성이 무엇인지 안다면 그 음성이 이미 당신에게 들리고 있는 것이며, 당신을 위해 자신을 내어주시고 육체로 고난 받으신 예수 그리스도에게 지금 당장이라도 갈 수 있음을 알게 될 것이다.

그분은 당신의 모든 죄를 고난 가운데 짊어지고 십자가에서 죽으셨다. 이것이야 말로 놀라운 소식이 아닌가!

오, 주여!
모든 것을 분별하시는 당신의 두 눈이
내 가장 깊은 뜻을 꿰뚫어보십니다.
내 행위, 내 말, 내 생각,
내게서 일어나는 그 무엇이라도
하나같이 당신에게 드러납니다.
나의 앉음, 나의 일어섬,
백주(白晝), 깊고 깊은 밤,
내 길, 내 베개 그리고 내 잔이
모두 당신의 눈에 보입니다.

_ 존 Q. 애덤스 (John Q. Adams)
〈모든 것을 분별하시는 주여〉

13 CHAPTER

온전히 뛰어난
지혜를 찾으라

―

오, 하나님! 제 영혼이 절망 중에 당신께 부르짖습니다. 제 영혼의 연약함을 극복하게 도우시고, 오직 당신의 지혜를 의지하게 하소서. 저를 끝까지 찾아 제 자신으로부터 건져주신 당신의 성실하심을 인하여 찬양을 올려 드립니다.

우리 믿음의 조상들이 '뛰어난 지혜'라고 부른 것이 지금 우리를 부른다. 믿음의 조상들은 이 뛰어난 지혜를 찾는 데 모든 것을 바쳤다. 이 지혜가 사람의 아들들에게 소리치는 음성이 들리지만, 이상하게도 그 음성은 전혀 예상치 못한 곳에서 들린다.

지혜가 길거리에서 부르며 광장에서 소리를 높이며 시끄러운 길목에서 소리를 지르며 성문 어귀와 성중에서 그 소리를 발하여 이르되 너희 어리석은 자들은 어리석음을 좋아하며 거만한 자들은 거만을 기뻐하며 미련한 자들은 지식을 미워하니 어느 때까지 하겠느냐 나의 책망을 듣고 돌이키라 보라 내가 나의 영을 너희에게 부어주며 내 말을 너희에게 보이리라 잠 1:20-23

그렇다! 이상하게도 지혜의 음성은 예배의 장소나 학교나 신학교에서 들리지 않고 밖에서 들린다. 지혜는 길거리에서 부르며, 광장에서 소리를 높이며, 성문 어귀에서 그 소리를 발한다(구약 시대에는 관헌이 성문 어귀에 앉아서 일을 처리했다).

지혜가 우리를 부를 때

온전히 뛰어난 지혜의 음성은 사람들의 귀에만 소리치는 것이 아니다. 그들의 양심 안에서도 속삭이고, 장례 행렬 속에서도 가만히 말한다. 이 영원한 지혜는 도처에서 사람들을 부른다. 그 부름에 어떻게 반응하느냐에 따라 사람들은 어리석은 자, 거만한 자, 그리고 미련한 자의 세 부류로 나누어진다.

온전히 뛰어난 지혜의 음성은 성령의 음성이다. 이 세 부류의 사람들은 모두 지혜의 도움을 아주 절실히 필요로 한다. 잠언 1장 20-23절에는 이 세 부류가 어리석은 자, 거만한 자, 그리고 미련한 자의 순서로 언급되지만 나는 이 순서를 조금 바꾸어 접근하려고 한다. 그 이유는 그렇게 하는 것이 이 주제를 좀 더 편리하게 다루는 방법이기 때문이다.

나는 이 문제에 대해 깊게 사색했다. 성경의 원어를 찾아보고 주석들을 읽으며 이런저런 연구를 통해 도달한 내 결론은 인간의 추측에서 나온 이야기가 아니라 성경의 지혜의 정수(精髓)이며, 성경을 풀어준 더 훌륭한 학자들의 지혜의 정수이다. 내가 조금 전에 말했듯이 지혜의 음성에 대한 반응에 따라 사람들은 어리석은 자와 거만한 자와 미련한 자로 분류되는데, 지혜는 밖에서 이들에게 "너희 어리석은 자들은 … 거만한 자들은 … 미련한 자들은 … 어느 때까지 하겠느냐"(잠 1:22)라고 소리친다. 이제 이 세 부류에 대해 하나씩 생각해보자.

1. 거만한 자

거만한 사람은 지혜의 음성을 비웃는다. 세 부류의 사람들 중에서 이 사람이 최악의 경우라고 해도 지나친 말이 아닐 것이다. 그런데 이 사람이 종교를 전부 거부하는 것은 아니다. 즉 이들이 종교인인 경우도 있을 수 있다. 다만 이들은 다른 사람의 조언을 들을 필요가 없다고 생각하며, 자신이 영리하다고 생각하고, 신앙적 열정에 불타는 사람들을 비웃는다. 그는 오만하다. 이런 자에 대해 시편도 언급한다.

"복 있는 사람은 악인들의 꾀를 따르지 아니하며 죄인들의 길에 서지 아니하며 오만한 자들의 자리에 앉지 아니하고"(시 1:1).

이들은 신앙의 다양한 측면들을 보았지만 어느 것에도 열의를 느끼지 못하고 마음이 굳어져 스스로의 생각에 갇혀 있는 자칭 똑똑한 사람들이다. 나는 이런 사람들처럼 될까봐 늘 두려웠다. 이런 사람들은 번쩍이는 불을 보거나 하늘에서 내려오는 돌풍의 소리를 듣거나 누군가의 빛나는 얼굴을 보아도 전혀 감동을 느끼지 못하고 오히려 아주 능숙하게 그것들을 해석하고 분류해서 처리해 버린다. 나는 이런 사람들처럼 되어 부지중에 오만한 자들의 자리에 앉아 있게 될까봐 늘 두려웠다. 바로 이런 자들에게 지혜의 음성이 소리쳐 외치는 것이다.

이런 사람들이 옳은 길로 돌아올 가능성이 많은 것은 아니지만, 전혀 없는 것도 아니다. 스스로 잘못된 마음 상태에 빠졌지만, 그래도 다시 돌아올 수는 있다.

2. 미련한 자

지혜는 "미련한 자들은 지식을 미워하니 어느 때까지 하겠느냐"(잠 1:22)라고 책망한다. 여기에는 "미련한 자들아, 언제까지 미련한 자로 남아 있기를 원하느냐?"라는 뜻이 들어 있다.

나는 '형제에게 … 미련한 놈이라 하는 자'(마 5:22)는 무거운 심판을 받게 될 것이라는 예수님의 말씀을 기억하고 있으며, 나 자신의 미련한 행동들에 대해서도 잘 알고 있다. 그러므로 지금 나는 큰 사랑의 마음을 품고 말하는 것이며, '온전히 뛰어난 지혜'의 친구로서 말하고 있다.

성경은 '미련한 자'(fool)와 '미련함'(foolishness), '미련한 행위'(folly)에 대해 아주 많이 말하는데, 이 세 단어는 모두 동일한 어간에서 나왔다. 내가 아는 한, 성경은 오직 도덕적으로 미련한 자에 대해서만 이야기한다. 당신은 성경이 정신이상에 대해 사실상 거의 말하지 않는다는 사실을 아는가?

내 머리에 떠오르는 단 한 가지 경우는 다윗이다. 다윗은 극도의 곤경에서 벗어나기 위해 가드 왕 아기스에게로 갔지만, 거기에서도 큰 두려움을 느꼈기 때문에 얼굴을 찌푸리고 침을 수염에 흘리며 미친 척했다. 아기스는 그의 신하에게 "너희도 보거니와 이 사람이 미치광이로다 어찌하여 그를 내게로 데려왔느냐"(삼상 21:14)라고 말했다. 다윗은 미친 척함으로 위험에서 벗어났다. 아마도 그는 궁정에서 미친 척해서 빠져나온 최초의 사람일 것이다.

성경은 능력이나 지능이 평균 이하로 너무 떨어지는 사람들이나 너무 심약한 사람들에 대해서는 거의 말하지 않지만 미련한 자들에 대해서는 많이 말한다. 아주 머리 좋은 자, 천재에 가까운 자, 심지어 천재인 자도 미련할 수 있기 때문이다. 지적으로 우수하고 놀라울 정도로 아이큐가 높은 사람도 도덕적으로는 미련할 수 있다! 성경에 의하면, 도덕적으로 미련한 자는 마음에 기름이 잔뜩 낀 자이며 둔한 자이다. 정신적으로 둔한 것이 아니라 영적으로 둔한 것이다. 이것을 잘 지적한 곳이 이사야서 6장 9-10절이다.

> 여호와께서 이르시되 가서 이 백성에게 이르기를 너희가 듣기는 들어도 깨닫지 못할 것이요 보기는 보아도 알지 못하리라 하여 이 백성의 마음을 둔하게 하며 그들의 귀가 막히고 그들의 눈이 감기게 하라 염려하건대 그들이 눈으로 보고 귀로 듣고 마음으로 깨닫고 다시 돌아와 고침을 받을까 하노라 하시기로 사 6:9,10

이것은 하나님의 심판이다. 진리를 가지고 장난을 친 백성에게 떨어진 주권적인 하나님의 사법적 판단이다. 그들은 미련한 자들이 되었다. 그들의 마음에는 기름이 끼었다. 그들의 귀는 막혔다. 그들의 눈은 감겼다. 영적인 것들을 깨달을 수 없었다. 로마서 1장에서 바울은 열국의 추악하고 무서운 도덕적 악화 과정을 묘사하면서 사람들의 미련한 마음이 어두워졌다고 말한다(롬 1:21).

성경이 말하는 '미련한 자'는 아이큐가 낮은 사람을 가리키지 않는다. 성경은 정신적 문제로 고통 받는 사람들에 대해,

예를 들면 저능 상태에 있거나 비정상적 정신 상태에 있는 사람들에 대해 아주 친절하게 말할 뿐이다.

성경이 말하는 미련함은 도덕적 미련함이다. '온전히 뛰어난 지혜'의 목소리가 시장에서, 정치인들이 모이는 곳에서, 사람들이 물건을 사고파는 길거리에서 울려 퍼진다. 도처에서 지혜의 음성이 소리치는 것은 특히 미련한 자에게 말하기 위함이다.

그렇다면 우리는 미련한 자를 어떻게 알아볼 수 있을까? 구약의 지혜의 책들은 미련함을 보여주는 경우들을 무수히 언급한다. 잠언 12장 15절은 "미련한 자는 자기 행위를 바른 줄로 여기나"라고 말하는데, 자기 행위를 바른 줄로 여기는 것이 미련한 자의 특징 중 하나이다. 자신의 무지를 깨달으면 온유하고 겸손해지지만, 미련한 자는 그런 것을 모른다. 미련한 자는 자기가 도덕적으로 옳다는 착각 속에서 살아간다.

잠언 14장 16절도 "어리석은 자는 방자하여 스스로 믿느니라"라고 말한다. 그러므로 우리는 미련한 자를 가리켜 '사나운 기질을 가진 외향적이고 자기중심적인 사람'이라고 표현할 수 있을 것이다. 그렇다! 어리석은 자는 방자하여 스스로 믿는다. 도덕적으로 미련한 자는 언제나 자기가 옳다는 생각에 사로잡혀 있기 때문에 당신이 최대한 온유하고 친절하게 당신의 작은 간증을 그에게 들려준다 해도 그는 계속 완고할 것이다. 그는 확신에 차 있다. 즉, 자기의 행위가 바른 줄로 여긴다.

내가 볼 때, 이런 경우를 보여주는 좋은 예는 구약에 나오는 욥의 아내이다. 욥이 발바닥에서 정수리까지 종기가 나서 재 가운데 앉아 질그릇 조각으로 몸을 긁고 있을 때 그의 아내는 그에게 "하나님을 욕하고 죽으라"(욥 2:9)라고 말했다. 그러나 욥은 아내에게 "당신은 미련한 자처럼 말한다. 미련한 여자들, 즉 믿음 없는 여자들 중 하나처럼 말한다"라고 대답했다. 그는 아내가 미쳤다고 말하지 않았고, 다만 '그리스도인이 아닌 것처럼 말한다. 믿음 있는 자처럼 말하지 않고 미련한 자처럼 말한다'라는 취지로 말했다. 하나님을 향한 그녀의 태도, 그리고 삶을 향한 그녀의 세속적이고 무감각하고 빗나간 태도는 그녀가 미련한 여자임을 보여주었고, 이것을 간파한 욥은 즉시 그녀가 미련하다고 지적했던 것이다. 욥의 아내에 대한 언급은 그 후 성경에 더 이상 나오지 않는다.

미련한 자의 잘못된 확신을 보여주는 또 다른 예가 신약에서 발견되는데, 그것은 예수님의 산상설교의 끝부분에 나온다. 여기서 그분은 지혜로운 자는 반석 위에 집을 짓지만 미련한 자는 모래 위에 짓는다고 말씀하셨다(마 7:24-26). 누구나 쉽게 짐작할 수 있듯이, 모래 위에 지은 집은 많은 빗물이 도랑을 이루며 흘러내려올 때 가장 먼저 무너진다. 미련한 자는 다른 모든 부분에서는 영리할지 몰라도 도덕적으로는 앞을 내다보지 못했다. 선견지명이 없었다. 자기의 미래를 예상할 수 없었고, 자기 행동의 결과를 판단할 수 있는 자리에 이르지 못했다. 예수님의 말씀에 따르면, 이런 사람은 미련해서 모래 위에 집을 짓는다. 물론 이런 집은 언제든 무너질 수밖에 없다.

예수님의 교훈은 도덕적 선견지명의 문제에 적용될 수 있다. 미련한 자는 내세의 삶이 없는 것처럼 산다. 오직 이 세상만이 존재하는 것처럼 산다. 만일 당신이 그런 사람에게 "다음 세상이 있다고 믿습니까?"라고 물으면, 그는 "물론이죠. 나는 무신론자가 아닙니다. 다른 세상이 있다고 믿습니다. 매주 교회에 갑니다"라고 대답할 것이다. "당신은 다시 살 것이라고 믿습니까?"라고 물으면, 그는 "물론입니다. 죽은 자들의 부활을 믿습니다"라고 대답할 것이다.

내 말의 요점은 이 사람이 이런 것들을 믿는다 해도 그 믿음과 상관없이 살아간다는 것이다. 진리를 진리가 아닌 것처럼 여기는 사람은 진리를 부정하는 사람만큼 나쁘다. 하나님의 심판의 기준은 진리를 앵무새처럼 입으로 반복했느냐 하는 것이 아니라, 진리를 따라서 살았느냐 하는 것이기 때문이다.

3. 어리석은 자

어리석은 자는 마음을 확실히 정하지 않은 자이다. 이들은 하나님의 편에 서지 않으며, 그렇다고 딱히 악의 편에 서는 것도 아니다. 아직은 약간 순진한 것이다. 순진하면서도 뭐가 뭔지 모르는 맹한 사람이다. 거만한 자도 아니고 고집이 센 완고한 자도 아니다. 그런데 어리석은 자는 최소한 자기가 무지하다는 것을 알고 있다.

자신의 무지를 알고 있는 무지한 사람은 머지않아 지혜로운 사람 또는 적어도 많이 아는 사람이 될 가능성이 있다. 그러나 거만한 자나 미련한 자처럼 자신의 무지를 깨닫지 못하는 무지한 사람을 도울 수 있는 길은 막막하다. 다만 어리석은 자는 자신에 대해 넌더리를 낼 수도 있다.

우리가 범하는 가장 큰 실수 중 하나는 창문 밖으로 보이는 즐거운 표정의 사람들을 쳐다보거나 나이트클럽에서 흘러나오는 음악소리와 즐겁게 노는 소리를 들을 때 마음속으로 '저들은 틀림없이 아주 행복할 것이다'라고 판단하는 것이다. 그런 사람들이 들떠 있고 흥분해 있는 것은 사실이지만, 좀 더 기다려 보라. 그들이 즐거운 시간을 갖던 친구들과 인사를 하고 헤어져 집에 도착할 때까지 기다려 보라. 집에 도착한 그들은 전혀 행복하지 않을 수 있다!

프랜시스 베이컨은 '왕'이라는 존재에 대해 "왕처럼 되는 것은 정말로 끔찍한 일이다. 부족함이 전혀 없지만 두려움 속에서 살아야 하기 때문이다"라고 말했다.

그렇다! 그것은 정말 끔찍한 일이다! 왕은 원하는 것을 무엇이든 얻을 수 있다. 명령만 하면 어떤 것이든 가질 수 있기 때문에 부족함은 전혀 없다. 하지만 두려움 속에서 살아야 한다. 미련한 자, 거만한 자 그리고 어리석은 자가 바로 이런 왕처럼 살아간다. 그런데 우리는 그들이 행복하다고 생각한다. 그들은 두려움 때문에 굳어 있는 것이다.

무덤 옆을 지나갈 때 공포심을 쫓기 위해 일부러 휘파람을 크게 부는 사람을 보았는가? 우리가 행복하다고 여기는 사람들의 요란한 언행은 대개 이런 휘파람 소리 같은 것이다. 그들은 두려움에 떨고 있으며, 그렇기 때문에 그런 자신에 대해 넌더리를 낼 수도 있다.

그런데 자신이 싫어지며 넌더리가 나는 순간이 축복일 수도 있다. 당신은 스스로에게 "나를 거울에 오래 비추어볼 필요는 없어. 잠깐 비추어보는 것으로도 충분해"라고 말하는가? 당신이 얼마나 지혜로운지 확인하기 위해 스스로를 시험해보는가? 또는 다른 방법으로 당신과 다른 이들을 비교한 후 '이 정도면 내가 앞서 가는 것이다'라고 흡족해 하는가? 만일 그렇다면 당신에게는 큰 희망이 없다. 하지만 자신에 대해 혐오감을 느낀다면, 적어도 '어리석은 자'의 부류에는 들어갈 수 있다.

어리석은 자는 뉘우치기도 한다. 간헐적으로 뉘우침의 시간을 갖는 사람들을 본 적이 있는가? 그들은 뉘우침의 충동을 느끼기도 하고 불안에 시달리기도 한다. 이런 것이 어리석은 자의 모습이다. 그는 마음을 확고히 정하지는 못했지만, 어느 정도는 마음이 열려 있다. 그에게 영향을 줄 수도 있는 조언에 대해 마음을 꽉 닫고 있지는 않다. 그러나 그가 언제까지나 어리석은 상태에 머물러 있으면 안 된다. 지혜는 "너희 어리석은 자들은 어느 때까지 어리석음을 좋아하겠느냐?"라고 묻는다.

끝까지 말씀하시는 하나님

어리석은 자가 구제불능은 아니다. 나는 거만한 자가 구제불능이라고 말하지도 않는다. 하나님께서 그런 자의 뒤를 따르시기 때문이다. 물론, 미련한 자가 구제불능이라고 말하지도 않는다. 미련하게 행동하는 때가 우리 모두에게도 있으므로, 그런 때에는 우리도 모두 미련한 것이다. 만일 미련한 자에게 소망이 없다면 왜 하나님께서 미련한 자에게 말씀하시겠는가? 미련한 자에게 구제의 가능성이 없다면 어째서 "미련한 자들은 지식을 미워하니 어느 때까지 하겠느냐 나의 책망을 듣고 돌이키라"(잠 1:22,23)라고 말씀하시겠는가? 그렇다! 심지어 미련한 자에게도 소망이 있고 거만한 자에게도 구제의 가능성이 있으므로, 어리석은 자에게는 더 큰 가능성이 있다!

나는 마음이 순진한 사람들을 좋아한다. 총명한 사람들을 보면 내 기분이 좋아지기도 하지만, 사실 그들은 함께 생활하기에는 힘들다. 너무 빈틈이 없기 때문이다. 그런 사람들 옆에 있으면 열등감을 느끼기 쉽다. 나는 순진한 사람들을 좋아하고, 예수님이 그런 사람들을 좋아하셨다고 믿는다. 마태복음에 기록된 예수님의 말씀이 내 귀에는 아주 아름답게 들린다.

"천지의 주재이신 아버지여 이것을 지혜롭고 슬기 있는 자들에게는 숨기시고 어린아이들에게는 나타내심을 감사하나이다"(마 11:25).

온전히 뛰어난 지혜의 음성은 미련한 자와 거만한 자에게 "나의 책망을 듣고 돌이키라 보라 내가 나의 영을 너희에게 부어주며 내 말을 너희에게 보이리라"(잠 1:23)라고 소리친다. 사실 이것은 모든 부류의 사람들을 위한 하나님의 말씀이다. 당신도 알다시피, 미련한 자와 거만한 자가 복을 받으려면 먼저 순진한 자가 되어야 하고, 순진한 자가 되려면 먼저 겸손히 회개해야 하기 때문이다.

주여, 지혜는 당신의 것, 오직 당신의 것입니다.
공의와 진리가 당신 앞에 섰습니다.
그러나 당신의 거룩한 보좌 더 가까이에서
자비가 높이 들린 당신의 손을 가로막습니다.

_ 에른스트 랑게 (Ernst Lange)
〈지혜는 당신의 것, 오직 당신의 것〉

14 CHAPTER

회개하는 마음에 주시는
무한한 기회

—

사랑하는 주 예수 그리스도여, 유일한 그리스도시여. 제가 회개하오니 죄 사함과 당신을 닮은 마음을 주소서. 제가 무지(無知)의 바다에서 허우적대지 않도록 저를 건져내어 당신의 마음의 해안으로 데려가 주소서.

지혜의 음성이 사람들에게 어떻게 임하고 어떻게 영향을 주는지를 살펴보는 것은 매우 흥미진진한 일이라고 생각된다.

견직공(絹織工)이었던 18세기의 설교자 게르하르트 테르슈테겐(Gerhard Tersteegen, 1697~1769. 독일의 찬송시 작가)은 지능과 교양에 있어서는 어디를 가든 탁월함을 드러냈다. 또한 그는 매우 진실했다. 그와 같은 사람을 또 들라면 웨슬리 형제를 꼽을 수 있다. 옥스퍼드 대학교에서 공부한 이들은 곤혹스런 경험을 거친 후에 진실해졌다. 이런 진실함은 아시시의 성 프랜시스(St. Francis of Assisi, 1182~1226. 프란체스코 수도회의 창설자)에게서도 발견되고, 그보다는 적지만 마틴 루터에게서도 발견된다. 뿐만 아니라 위대한 성도, 위대한 정신의 소유자, 그리고 위대한 개혁가에게서도 발견된다고 나는 믿는다.

누구나 내려올 수는 있다

이런 사람들은 자신의 어리석음을 꾸짖고, 자신의 거만함을 회개하며, 성령의 훈계를 받아들여 결국 진실해진 사람들이다. 구제불능일 정도로 죄를 범한 사람은 이 세상에 없기 때문에 누구든지 자기를 낮추면, 진실하고 깨끗한 마음으로 어린아이처럼 솔직해지면, 하나님께 대단한 존재로 보이려고 애쓰지 않고 기도하면 그분께 복을 받을 것이다.

다시 건져 올릴 수 없을 정도로 너무 깊이 내려간 사람은 없다. 고치지 못할 정도로 미련한 사람은 없다. 어떤 사람이 아무리 신앙에 대해 빈정대며 거만한 태도를 보였다 해도 하나님 앞에서 회개하고 겸손한 자세로 자신을 고치면 그분이 자녀로 받아주실 것이다. 이런 일은 얼마나 아름다운가!

만일 하나님께서 이 나라의 지도급 인사 중 백 명에 속하는 핵과학자들에게만 그분의 메시지를 주신다면 우리 같은 나머지 사람들은 어떻게 되는 것인가? 나는 핵과학에 대해서 거의 모른다. 핵과학에 대해서는 라디오에서 들었고, 그에 대한 전문용어를 몇 개 안다. 핵과학 서적을 몇 권 읽었지만 전문가는 아니다. 만일 내가 사람들에게 "나는 핵분열에 대한 모든 것을 당신께 가르쳐야 합니다. 당신이 내 설명을 이해한다면 구원받을 것입니다"라고 말해야 한다면 끔찍한 일이 아닐 수 없다.

지도급 인사 백 명 중 누구에게라도 "나는 당신이 연구하는 과학에 대해서는 하나도 모르지만, 당신이 어린아이처럼 자신을 낮추면 구주를 알 수 있다는 것은 분명히 말할 수 있습니다"라고 할 수 있다. 내가 그들 수준까지 올라갈 수는 없지만 그들이 내려올 수는 있다. 바로 여기에 구원의 지혜가 있다!

누구나 내려올 수는 있다. 산꼭대기에 있는 사람은 아래로 내려올 수 있다. 당신이 반드시 위로 올라가야 하는 것이 아니므로 억지로 발버둥 치며 애쓸 필요가 없다. 내려가면 된다. 주님은 사람들에게 올라가라고 말씀하시지 않고 내려오라고 말씀하신다. 거만한 자와 미련한 자에게도 역시 그렇게 말씀하신다.

회개의 슬픔에 함께하시는 성령

겸손과 회개와 마음의 슬픔은, 어떤 시인의 표현을 빌려 말하자면 '벌이 꽃을 찾아 영국의 가장 높은 산꼭대기까지 올라가듯이' 솟아오를 수 있다. 그리고 꽃이 있는 곳이면 어디에나 벌이 있듯이, 마음의 슬픔이 있는 곳, 심령의 슬픔이 있는 곳, 내면의 병이 있는 곳이라면 어디에나 성령이 계시다.

덴마크의 설교자 키르케고르(Kierkegaard, 1813~1855. 덴마크의 철학자로서 실존의 문제를 거론하여 실존철학과 변증법 신학에 큰 영향을 끼쳤다)는 이 무서운 '죽음에 이르는 병'에 대해 말했다. 모든 사람이 천재가 될 수 없고 박식한 사람이 될 수도 없지만, 박식한 천재들에게는 '죽음에 이르는 병'이 생길 수 있다. 이 '죽음에 이르는 병'이 사람의 마음에서 발견될 때마다 거기에는 늘 성령이 계신다. 온전히 뛰어난 지혜가 그곳에서 노아의 방주의 주변을 맴돌던 비둘기처럼 맴돌 것이고, 그 거룩한 날갯짓 소리가 당신의 귀에 들릴 것이다.

거만한 자와 미련한 자에게는 가능성이 많지 않지만 어리석은 자에게는 가능성이 아주 많다. 당신이 '나같이 보잘것없는 평범한 사람에게 무슨 희망이 있겠는가?'라고 생각한다면 내 말을 잘 들어라. 한 마디 변명도 하지 않고, 당신의 현재 모습 그대로 예수 그리스도의 십자가로 나아간다면 당신에게는 무한한 희망이 있다!

하나님은 "나의 책망을 듣고 돌이키라 보라 내가 나의 영을 너희에게 부어 주며 내 말을 너희에게 보이리라"(잠 1:23)라고 말씀하신다. 여기서 '내 말'은 무엇을 의미하는가? 바로 용서의 말씀, 깨끗케 하는 말씀, 마음을 든든하게 해주는 말씀, 평안의 말씀, 그리고 확신의 말씀이다! 그분은 우리가 그분의 책망을 듣고 돌이키면 그분의 말씀을 보이겠다고 말씀하신다. 이것은 아직 마음을 확실히 정하지 못해 하나님께로 돌아오지 않는 어리석은 자에게 던지는 무한한 희망의 메시지이다.

바로 지금이다

시장에서, 버스에서, 기차에서, 넓은 가로수 길에서 외치는 저 음성을 들어라!

> 너희 어리석은 자들은 어리석음을 좋아하며 거만한 자들은 거만을 기뻐하며 미련한 자들은 지식을 미워하니 어느 때까지 하겠느냐 잠 1:22

마음을 정하지 않고 있는 자는 언제나 위험에 처해 있다. 당신은 마음을 정했는가? 정했다면, 누구 쪽으로 또는 무엇을 향해 정했는가? '지금'이라는 이때가 마음을 굳게 먹고 변화를 시도할 수 있는 절호의 기회가 아니겠는가! 흔들림 없는 마음으로 굳게 무장한 사람들이 하나님 앞에 선다면 그분이 얼마나 기뻐하실까! 많은 사람이 모인 곳에서든 아니면 은밀한 골방에서든 그들이 무릎을 꿇고 그분께 충성을 다짐한다면 그분이 얼마나 좋아하실까!

　그것은 다른 나라 사람이 시민권을 얻기 위해 미국에 충성을 다짐하는 것에 비유될 수 있을 것이다. 이 사람은 당국자 앞에서 오른손을 들고 "나는 왕이나 여왕이나 국가수반에 대한 충성을 거부하고 미합중국에 충성할 것을 다짐합니다. 전쟁이 나면 미국을 지키기 위해 총을 들고 나갈 것을 약속합니다. 미국의 법과 헌법을 준수할 것을 약속합니다"라고 선서한다. 그리고 미국에 충성하기로 결심한 미국 시민으로서 그 자리를 떠난다!

　하나님께서 우리의 마음에 자꾸 부담을 주셔서 결국 우리의 다짐이 확고부동한 상태에 이르게 되기를 나는 기도한다. 만일 당신이 마음을 정하지 않고 순진한 상태에 계속 머물러 있으면, 마귀에게 패해서 도망하다가 결국 악한 것에 충성하는 무서운 자리에 이르게 될 것이다. 그렇게 될 바에는 차라리 모태에서 무덤으로 옮겨진 자처럼 이 세상에 태어나지 않는 편이 더 좋았을 것이다. 때를 놓침으로 결국 책임을 면할 수 없는 당신의 머리 위에 심판의 빛이 비추게 될 바에는 차라리 황혼의 별들이 당신의 작은 무덤을 내려다보는 것이 더 나을 것이다.

　나는 환상을 보거나 하늘에서 들리는 음성을 듣는 사람은 아니다. 하지만 성경을 온전히 믿는 나는 돌풍이 불 때마다 그 안에 음성이 있다고 믿으며, "뽕나무 꼭대기에서 걸음 걷는 소

영원한 지혜를 갈망하라　155

리"(삼하 5:24)가 들릴 수 있다고 확신한다. 하나님의 우주 안에서 울려 퍼지는 음성은 "너희는 내게 돌이키라. 너희는 내게 돌이키라. 너희는 내게 돌이키라. 너희 모두는 나의 책망을 듣고 돌이키라. 어찌하여 죽으려 하느냐? 어리석은 자들아, 내게 돌이키라. 수고하고 무거운 짐 진 너희 모두는 내게 오라. 내가 쉼을 주리라"라고 외친다.

그렇다! 이 음성이 내게 들린다. 이 음성이 들리므로 나는 하나님을 경배하며 감사한다. 당신에게도 들리는가?

"내게 돌아오라. 모든 미련한 자들아, 모든 어리석은 자들아, 마음을 정하지 못한 모든 자들아, 내게 돌이키라."

> 선택받은 제 영혼은 당신의 보좌 앞에
> 자신의 이성(理性)을 내려놓는 법을
> 온유한 마음으로 배울 것입니다.
> 당신의 비밀들을 분별하기에는
> 너무나 연약하므로
> 저는 유일한 안내자이신 당신만을 신뢰합니다.
>
> _ 앰브로즈 설 (Ambrose Serle)
> 〈오, 주여! 당신의 길은〉

15 CHAPTER

현실 속에 나타나는
하나님의 지혜

―

오, 하나님! 제 마음에게는 당신의 거룩한 보호가 필요합니다. 죄가 제 삶에 침투하지 못하도록 지켜주소서. 그러면 제가 행하는 모든 일에서 당신을 영화롭게 하겠습니다. 오, 주님! 제가 스스로의 지혜에 빠져 있게 하지 마시고, 온전히 당신께 복종하게 하소서. 범사에 당신을 높이게 하소서.

내가 볼 때, 우리는 이 시대의 그리스도인들에게 큰 폐를 끼쳤다. 이제까지 너무나 많은 종교교육과 방법론 연구, 교묘한 방법으로 젊은이들에게 접근하는 법을 알려는 노력들이 많았지만 성경과 성령에 대한 확신은 충분치 못했기 때문이다.

우리는 이 시대에게 "당신이 그리스도를 영접하면 도달할 수 있는 곳(또는, 상태)이 있습니다. 거기에서는 경계를 풀어도 됩니다. 오로지 그리스도의 공로로 인하여 우리의 승리로 싸움이 끝났기 때문입니다. 당신은 아무것도 하지 않아도 됩니다"라는 식으로 말해 왔다. 그러나 나는 당신에게 진실을 말해주고 싶다. 진실을 말하지 않으면 나는 거짓말쟁이가 될 것이기 때문이다. 만일 어떤 사람이 일어나 당신에게 거짓말을 한다면 당신은 그에게 냉소와 경멸의 시선을 보낼 것이다. 만일 내가 거짓말을 한다면 당신이 나를 미워할 것이므로 나는 거짓말을 하지 않을 것이다. 진실을 말할 것 같으면, 하늘나라로 가는 영적 순례자의 길은 위험으로 가득 차 있다!

쉬운 길은 없다

당신은 이 세상에 태어났다. 죄 가운데 태어나서 여기에 살고 있다. 그런데 죄와 세상에서 빠져나와 저 위 하늘나라로 가지 않으면 안 된다. 분명히 말하지만, 쉬운 길은 없다. 쉬운 길이 있다고 말하는 것은 잘못된 가르침이다. 성경은 "내 아들아 악한 자가 너를 꾈지라도 따르지 말라 그들이 네게 말하기를 우리와 함께 가자 우리가 가만히 엎드렸다가 사람의 피를 흘리자 죄 없는 자를 까닭 없이 숨어 기다리다가"(잠 1:10,11)라고 말한다.

바울은 나가서 싸우는 법과 하나님의 전신갑주를 입는 법에 대해 말했다. 베드로는 우리가 시험을 당할 것이라고 경고했고, 그리스도께서는 우리가 세상에서 환난을 당할 것이라고 말씀하셨다. 하나님의 나라에 들어가려면 환난을 여러 번 통과해야 한다는 것이 바울의 교훈이다. 그리스도인이 고난을 당하지만 하나님을 믿고 의지하면 이겨낼 것이라고 가르치기 위해 베드로전서가 쓰여졌다. 요한계시록은 믿음의 싸움에서 승리한 자들에 대해 말한다.

그런데 지금 우리에게 영적 싸움에서 승리해야 한다고 가르치는 사람이 있는가? 물론, 영적 승리는 훌륭한 복음주의 교리로 가르쳐지고 있다. 그러나 "싸워서 이겨야 합니다"라고 사람들에게 가르치면 은혜의 교리를 훼손할지도 모른다는 두려움에 빠져 있는 것 같다. 나는 분명히 말한다. 우리는 승리자가 되어야 하고, 그렇게 되려면 싸워야 한다!

뭇 성도 피를 흘리며 큰 싸움하는데
나 어찌 편히 누워서 상 받기 바랄까
이 죄악 많은 세상에 수많은 원수들
날 유혹하고 해치나 내 주만 따르리

_ 아이작 왓츠 (Isaac Watts), 〈십자가 군병되어서〉

쉽게 예상할 수 있는 일이지만, 죄인들로부터 오는 유혹이 있다. 잠언 1장 10절은 '죄가 너를 꾈지라도'라고 말하지 않고 '죄인들이 너를 꾈지라도'라고 말한다.

죄인을 통해 나타나는 죄

여기서 성경은 죄와 죄인을 예리하게 구분하고 있다. 이론상으로는 죄가 우리를 해치는 것이 맞지만, 현실적으로는 그 죄가 죄인을 통해 나타난다. 우리는 죄가 몸 없이 떠돌아다니는 어둡고 사악한 흡혈박쥐 같다고 생각하기 때문에 '죄가 너를 꾈지라도'라고 말하는 경향이 있지만, 성경은 죄에 대해 그런 식으로 생각하지도 않고 말하지도 않는다.

죄는 죄인을 통해 현실 속에서 나타나지 않으면 별로 영향력이 없다. 그러므로 위험한 것은 죄인이지 죄가 아니다. 물론 죄는 위험한 것이지만, 죄 혼자서 당신에게 도달할 수는 없다. 육체의 옷을 아직 입지 않았기 때문이다. 내 말은, 죄가 죄인 안에서 육체화되기 전에는 위험하지 않다는 것이다. 죄가 추상적 차원에 머물지 않을 때, 계속 추상적 실재(實在)로 남아 있기를 거부하고 구체적인 개인 안으로 들어올 때, 무형의 것으로 머물지 않고 개체화될 때, 바로 그때 위험해진다. 아마 우리는 "사탄이 영이므로 죄는 추상적인 것이다"라고 말하고 싶어 하겠지만, 성경에는 사탄에 대한 언급보다는 죄인과 죄인이 우리에게 끼치는 영향에 대한 언급이 더 많이 나온다.

죄가 언제 가장 위험하다고 생각하는가? 유명한 사람, 친구, 우리가 사랑하는 사람, 그리고 우리의 사회 안에서 구체적 모습으로 나타날 때가 가장 위험하다!

1. 유명한 사람들에게서 나타나는 죄

죄는 유명인에게서 나타날 때 매우 위험하다. 그렇기 때문에 나는 할리우드를 모방하는 모든 것들에 결사반대한다. 사람들이 "할리우드의 모든 여배우가 매춘부라고 생각합니까?"라고 묻는다면 물론 내 대답은 "아니오"이다. "할리우드의 모든 남자배우가 악당이라고 생각합니까?"라고 물어도 역시 내 대답은 "아니오"이다. "할리우드에는 품위 있는 건전한 가정이 없다고 생각합니까?"라고 묻는다 해도 "결코 그렇게 생각하지 않습니다"라고 대답할 것이다.

나는 그렇게 생각할 만큼 어리석지 않다. 다만 나는 이 나라의 수백만 젊은이가 남자배우나 여자배우처럼 보이려고 안달복달하는 것을 걱정한다. 수많은 배우들이 속속들이 썩은 삶을 살면서 다섯 번째 배우자를 얻으려고 노력하는 중에도 대중 앞에 나가서는 자신을 포장해 수백만 젊은이들의 도덕적 모범인 것처럼 행세한다.

그러므로 나는 할리우드가 악의 구렁텅이라고 감히 말한다.

유명인들을 통해 죄를 구현하고 그들을 젊은이들의 모범으로 제시하기 때문이다.

2. 친구를 통해 나타나는 죄

또한 죄가 친구를 통해 현실화될 때 위험하다. 만일 우리 도시의 한구석에 사는 어떤 사람이 무슨 짓을 저지른다고 내가 그것에 영향을 받지는 않을 것이다. 하지만 죄가 내 친구 안으로 들어오면, 그 죄는 나에게 가까이 와서 내게 "친구여, 함께하자"라고 속삭이게 된다. 그렇기 때문에 친구 안에 들어온 죄는 위험하다. "친구여, 함께하자"라는 말에는 우리를 부추기는 힘이 있다.

3. 품위 있는 죄인을 통해 나타나는 죄

죄는 점잖은 사람을 통해 나타날 때 매우 위험하다. 죄가 언제나 할리우드에서 온 악마같이 생긴 사람, 즉 어둡고 추하고 타락의 냄새를 물씬 풍기는 뿔 달린 사람들을 통해서만 일한다면 아마 우리는 전혀 유혹을 받지 않을 것이다. 하지만 죄는 점잖은 사람을 통해 일하기 때문에 위험하다!

나는 점잖고 품위 있는 죄인들을 많이 안다. 그들은 함께 있으면 즐거운 사람들이다. 그들은 아주 예의 바르기 때문에 종교에 대해 그들과 논쟁을 벌이는 것이 실례가 될 것 같다고 느끼게 한다. 그러나 그들은 겉으로 점잖을 뿐이다. 죄는 그들을 통해서도 영역을 넓혀간다. 그들은 그들 주변의 사람들에게 엄청난 영향을 끼쳐왔는데, 그들이 점잖고 상냥하고 다정다감할수록 오히려 더 큰 악영향을 끼쳤다.

4. 사랑하는 사람을 통해 나타나는 죄

죄가 우리의 사랑을 받는 사람을 통해 나타나면, 아주 위험해진다. 우리가 그를 사랑하면 할수록 어떻게든 그의 비행을 봐주거나 은폐해서 넘어가려고 할 것인데, 이런 잘못이 조직 속에서 일어나면 분위기를 흐리기 때문에 그만큼 더 위험해진다.

만일 죄가 저기 하늘 어디에선가 마냥 떠돌고 있다면 나는 걱정하지 않을 것이다. 나는 처음 그리스도인이 되었을 때 악귀, 귀신, 어둠의 영, 흡혈귀 또는 그와 같은 것들을 두려워했다. 나는 이런 것들에 대해 잘 모른다. 정확히 말하자면, 내 호기심을 충족시킬 만큼은 알지만 책을 쓸 만큼 많이 알지는 못한다. 사람들은 이런 것들을 아주 무서워한다. 언젠가 들은 바에 따르면, 어떤 사람들은 누군가의 얼굴이 부어오르면 "귀신이 부어오르게 했다"라고 말할 정도로 모든 것을 귀신과 연관 지어 생각한다고 한다. 이런 사람들이 볼 때에는, 고양이 울음소리가 들리면 그것도 귀신의 짓이다. 개가 짖어도 귀신의 짓이다. 집회 때 아기가 울어도 귀신의 짓이다. 이런 식으로 모든 것을 귀신과 연결시키는 사람이 많다.

나는 이런 마귀 노이로제 환자가 아니다. 그를 두려워하지 않기 때문이다. 마귀가 내가 좋아하는 사람이나 아주 존경하는 사람을 통해 일하지 않는다면 나는 마귀가 무섭지 않다. 내가 흠모하는 사람을 통해 그가 마수(魔手)를 뻗칠 때, 그때가 위험한 것이다!

5. 사회 안에서 나타나는 죄

죄는 암시의 힘이 강하게 지배하는 사회에서 매우 위험스런 것이 된다. 미국의 경제 전체가 암시의 힘에 의존하고 있다. 만일 광고를 금지하는 법이 의회에서 통과된다면 이 나라는 하룻밤 새 무너질 것 같다. 상품의 판매는 광고에 의존하고, 광고는 암시의 힘에 의존한다. 광고는 "이 물건을 구입하십시오"라고 한 번만 말하지 않는다. 말하고, 말하고, 말하고, 또 말하고, 또 말하고, 또 말한다. 쉬지 않고 말한다. 끝없이 말한다. 그 말이 우리의 마음에 완전히 녹아들 때까지 말한다.

여자가 물건을 사러 가게로 들어가는 것은 지극히 자연스런 일이다. 가게 안에 들어선 그녀의 오른손이 머리의 지배를 어느 정도까지는 받지만, 아주 많이 받는 것은 아니다. 그녀의 손은 언제라도 움직일 수 있다. 어차피 그녀는 어떤 물건이든 사야 한다. 결국 광고에서 무수히 들어왔던 상품으로 자연스럽게

오른손을 뻗어 그것을 집어 든다. 이것은 지극히 자연스런 현상이다! 광고의 힘은 그토록 막강하다. 그토록 막강하기 때문에 판매자들은 광고를 통해 상품을 알리기 위해 수백 달러가 아니라 수백만 달러를 기꺼이 쏟아붓는다.

암시의 힘은 이렇게 대단하다. 사회가 현재처럼 돌아가고 개인들이 현재처럼 살아가는 것은 암시가 그들의 마음에 반(半)최면술처럼 작용하여 영향을 끼쳤기 때문이다. 그러나 성령께서는 "내 아들아 악한 자가 너를 꾈지라도 따르지 말라"(잠 1:10)라고 말씀하신다.

언제부터인가 우리는 그리스도인들이 매사에 사근사근해야 한다는 암시를 믿게 되었다. 늘 미소 지어야 하고, 불쾌감을 유발하지 말아야 하며, 모든 이와 사이좋게 지내려고 노력해야 한다는 생각이 그리스도인들에게 널리 퍼져 있다. 모든 이와 잘 지내고 친절하고 붙임성 있고 누구에게도 불쾌감을 주지 말라는 것이 현대 그리스도인들의 가치관이다. 그리스도인은 그 누구의 감정도 건드리면 안 된다는 것이 우리의 철학이다.

그러나 성경은 그렇게 말하지 않는다. 대개의 경우, 성경에 나오는 성도들은 두 걸음만 펄쩍 뛰면 감옥이나 단두대로 직행할 수 있는 사람들이었다. 대부분의 사람들은 하나님의 사람들을 좋아하지 않았다. 당신이 그리스도인이면서도 아무런 어려움을 당하지 않는다면 아마 당신은 썩 훌륭한 그리스도인이 아닐 것이다. 그러므로 "그리스도인은 호감이 가는 사람이고, 언제나 사근사근하고 친절해야 하며, 그가 죽은 후에는 '그 사람에게는 적(敵)이 없었다'라는 말이 나와야 한다"라는 말은 완전히 잘못된 말이다.

어떻게 응답할 것인가

형제애에는 두 종류가 있다. 하나는 속량 받은 자들의 형제애이고, 다른 하나는 속량 받지 못한 자들의 형제애이다. 속량 받지 못한 자들이 수천 갈래로 분열되어 있다 할지라도, 그들에게는 속량 받지 못했다는 공통점이 있다. 또한 두 종류의 인류가 있는데 하나는 아담을 머리로 하는 인류이고, 다른 하나는 두 번째 아담 즉 예수 그리스도를 머리로 하는 인류이다.

속량 받은 사람은 첫 번째 인류에서 빠져 나오라는 음성을 듣고 빠져 나와 그리스도 안으로 들어와 두 번째 인류의 일원이 된다. 그러므로 일상생활에서 가질 수 있는 교제를 제외하면, 그와 첫 번째 인류 사이에는 다른 교제가 있을 수 없다. 우리는 세상 밖으로 나갈 수 없기 때문에 세상에서 물건을 사고, 다른 이들의 서비스를 받고, 그들을 위해 일하며 살아야 한다(그들 중에는 하나님과 올바른 관계를 맺지 못한 사람들도 있을 것이다). 하지만 세상에서의 삶에서는 진정한 교제가 불가능하다. 그러므로 세상 속에서 형제애 운운하는 것은 내가 볼 때

완전히 허튼 소리이다!

나는 당신이 회심해서 그리스도를 믿게 되면 무엇을 얻게 될 것인지를 말해주고 싶다. 만일 내가 "이제 당신은 기분 좋은 음악을 틀어놓고 문을 꼭 닫은 조용한 천국행 우주선의 객실에 들어간 것이므로, 핑크빛 구름을 타고 둥둥 떠서 천국에 이를 것입니다"라고 말한다면, 나는 거짓말을 하는 것이다. 내가 볼 때, 현대 복음주의 운동의 저주스러운 것 중 하나는 사람들에게 인기를 얻고자 하는 것이다. 우리가 인기 있는 존재가 되자마자 우리의 생명에서 무엇이 빠져나갈 것이다. 좀 더 정확히 말하면, 우리가 인기를 얻기 전에 이미 우리의 생명에서 무엇이 빠져나갈 것이다. 성령께서는 "악한 자가 너를 꾈지라도 따르지 말라"(잠 1:10)라고 경고하신다.

역사적으로 볼 때, 종종 그리스도인들은 두 개의 분명한 단어로써 그들의 본심을 표현하지 않으면 안 되었다. 그들이 그들의 마음을 전부 실어 입 밖으로 낸 두 단어 중 하나는 "네"였고, 다른 하나는 "아니오"였다. 하나님께서 말씀하실 때 그들은 "네"라고 말했고, 마귀가 말할 때에는 "아니오"라고 대답했다. 하나님께서 "이것을 행하라"라고 말씀하실 때 그들은 "네, 주님!"이라고 대답했고, 죄인들은 "아니오!"라고 말했다. 그것이 성경의 가르침이었기 때문이다.

그런데 지금 우리의 문제는 두 마음을 품고 있다는 것이다.

성령께서는 두 마음을 품은 사람을 책망하셨다. 두 마음! 바로 이것 때문에 우리가 약한 것이다! 하나님은 우리가 한마음을 품기 원하신다. 성령께서는 성경이 '두 마음'이라고 부르는 것을 마음에 품고 있는 종교인들을 책망하셨다.

이런 경우 중 하나는 엘리야가 "어찌하여 너희가 두 생각 사이에서 우물쭈물하느냐?"라고 외쳤던 경우이다. 엘리야 시대에 유대인이라고 하는 자들이 두 마음을 품고 우유부단한 태도를 보였을 때 그는 이쪽 편에 서든지 아니면 저쪽 편에 서라고 촉구했다. 그들이 한쪽으로 마음을 온전히 정하지 못했기 때문이다.

오, 하나님!
나를 살피소서. 내 마음을 분별하소서.
나를 시험하사 내 가장 깊은 속마음을 알아내소서.
그리고 내가 죄에 빠져 헤매고 있다면,
영원한 길을 택하도록 인도하소서.

_ 예배용 시편집 (The Psalter, 1912)
〈나의 나 된 것은〉

16 CHAPTER

하나님의 지혜가 주는
경고

우리 주 예수 그리스도의 아버지, 영원하신 하나님! 모순된 언행으로 가득한 저를 참아주시고 이끌어주심을 찬양합니다. 끝까지 당신을 따를 것을 진심으로 다짐하며, 오늘도 당신을 신뢰합니다.

나는 오랫동안 그리스도께 온전히 마음을 바치지 않고 있는 그리스도인이 부지기수로 많은 것을 보았다. 이런 경우는 성경에서도 많이 발견된다. 이런 현상이 왜 벌어질까?

움직이는 시계추는 안 된다

우선, 발람을 살펴보자. 그는 온전히 마음을 정하지 못한 좋은 예이다. 그는 여호와를 섬기기 원했지만, 발락이 주겠다고 하는 돈에도 마음이 끌렸다. 하나님을 섬기는 것과 발락을 섬기는 것 사이에서 흔들렸다. 이 둘 사이에서 왔다갔다 하는 중에 하나님께 가까이 왔을 때에는, "한 별이 야곱에게서 나오며"(민 24:17)라는 멋진 예언을 하거나, "나는 의인의 죽음을 죽기 원하며"(민 23:10)라는 아름다운 고백을 하기도 했다. 좋다, 훌륭하다! 하지만 반대편으로 넘어갔을 때에는 죄에 빠졌다. 결국 그는 하나님을 대적하다가 죽었고, 그분께 헌신하지 못한 사람으로 최후를 마쳤다.

선지자 발람은 "네"와 "아니오"를 언제 어떻게 말해야 할지를 배우지 못한 사람이었기 때문에 나귀가 그에게 이야기해서 그를 바로잡아야 했다. 사실, 전능의 하나님께서는 역설(逆說)을 통해 이 선지자에게 깨달음을 주려고 하셨기에 나귀가 이 선지자의 미친 짓을 꾸짖게 하셨다. 이 선지자보다는 나귀가 오히려 더 올바르게 판단했다. 나귀는 선지자가 보지 못한 여호와의 사자를 보았기 때문이다.

그때 발람이 처음 느낀 충동은 나귀를 죽이고 싶다는 것이었다. 그러나 나귀가 고개를 돌려 발람에게 "내가 이제까지 당신에게 어떻게 했느냐? 내가 당신을 내 등에 태울 수 있을 정도로 성장한 날부터 이제까지 늘 당신을 태우고 돌아다녔다. 그런데 이제 칼로 나를 조각내려고 하는 이유가 무엇이냐?"라고 따졌다. 그러자 발람은 "아, 미안하다. 나는 여호와의 사자를 보지 못했다"라고 대답했다.

발람은 마음에 정함이 없었기 때문에 자기의 뜻을 한쪽 방향으로 계속 유지할 수 없었는데, 이와 같은 사람이 오늘날 아주 많다. 그런데 당신도 인정하겠지만, 이 발람은 다른 여러 면에서는 괜찮은 사람이었다.

마음에 정함이 없었던 또 다른 예를 들라면 삼손을 말하지 않을 수 없다. 그는 선과 악 사이에서 줄타기를 했다. 언제나 한쪽 발은 하나님 편에 다른 한쪽 발은 마귀 편에 두었다. 어디로 발을 디뎌야 할지를 잘 몰랐다.

마음을 정하지 못한 사람을 신약에서 찾자면 젊은 부자 관원을 들 수 있다. 그는 밤에 예수님을 찾아와 어떻게 해야 구원을 얻을 수 있는지 물었는데, 이것은 그가 그분 편에 섰음을 말해준다. 하지만 구원의 방법에 대한 이야기를 듣고서는 그분에게서 등을 돌렸다. 이것은 그가 죄의 편에 섰다는 것을 말해준다. 그는 자기가 진정 어느 편에 있는지를 몰랐다. 그의 마음에는 정함이 없었다.

어디에서 서성이고 있는가

우리가 또 생각해 볼 수 있는 것은 요한복음 6장의 기록이다. 이 기록에 의하면, 예수님이 생명의 떡에 대한 아름다운 말씀을 들려주신 후 많은 이들이 그분께 등을 돌리고 더 이상 따르지 않았다. 그분은 열두 제자의 태도를 확인하기 원하셨기 때문에 돌이켜 그들에게 "너희도 가려느냐"(요 6:67)라고 물으셨고, 베드로는 "주여 영생의 말씀이 주께 있사오니 우리가 누구에게로 가오리이까"(요 6:68)라고 대답했다. 이렇게 그분은 소수를 구원하셨지만, 큰 무리는 그분을 떠났다.

대다수의 사람은 마음을 정하지 않는데, 이런 상태는 위험한 것이다. 어쩌면 당신은 "나는 아주 강한 그리스도인은 아니지만 그래도 성경을 믿습니다. 나는 그렇게 나쁜 사람이 아닙니다"라고 말할지 모르겠다. 그러나 지혜의 음성은 어정쩡한 당신에게 경고한다. "네가 그런 상태로 계속 있으면, 네게 찾아와 말을 잘하는 사람에게 넘어갈 것이다."

당신이 위험한 일이 일어날 수 있는 곳에서 서성인다면, 그 일이 진짜 일어났을 때 피해자가 될 수도 있다. 그러니 그런 곳에서는 빨리 떠나는 것이 상책이다!

많은 이들이 기도실에 들어가 무릎을 꿇고 기도하고 일어서지만, 결국 마음을 확실시 정하는 데에는 실패하기 때문에 과거의 삶으로 돌아가고 만다.

다시 말하지만, 마음을 분명히 정하지 못한 사람들은 그들에게 찾아와 암시의 힘을 아주 강하게 발휘하는 사람에게 넘어갈 것이다. 그렇게 넘어간 어떤 이들은 그들의 삶을 파멸시켰다. 그들이 어떻게 구원에 이를 수 있겠는가? 지혜는 "내 아들아 그들과 함께 길에 다니지 말라 네 발을 금하여 그 길을 밟지 말라"(잠 1:15)라고 경고한다. 악한 제안을 하는 자에게 지극히 단호하게 "아니오"라고 말하고 끝까지 흔들리지 않을 힘이 그들에게 있었다면, 하나님께 힘을 얻어 의의 길을 걸었을 것이다. 그러나 유감스럽게도 다른 이들의 감정을 상하게 할까봐 두려워 "아니오"라고 말하지 못하는 심약한 자들이 너무 많다.

그물 속으로 들어가는 미련한 자

당신과 예수 그리스도 사이를 가로막는 사람들은 당신의 친구가 아니다. 그들이 당신의 배우자나 아버지나 어머니라 할지라도 친구가 아니다. 당신과 그분 사이를 방해하는 데 어떻게 친구가 될 수 있겠는가? 그렇기 때문에 지혜의 음성이 "내 아들아 그들과 함께 길에 다니지 말라 네 발을 금하여 그 길을 밟지 말라 … 새가 보는 데서 그물을 치면 헛일이겠거늘"(잠 1:15, 17)이라고 외치는 것이다.

옛날 사람들은 온갖 종류의 올무와 그물을 이용해 새를 잡아먹곤 했다. 지혜로운 사냥꾼은 새가 보는 데서 그물을 치면 새를 잡을 수 없다는 것을 잘 알았다. 새가 아무리 머리가 나쁠지라도 자기 눈으로 본 그물을 향해 날아갈 정도로 머리가 나쁘지는 않기 때문이다. 그러므로 그물을 치는 일이 그 목적을 달성하려면 새에게 들키지 말아야 한다. 당신 같으면 구덩이를 보았는데 그 구덩이에 빠지겠는가? 구덩이가 있는 줄 모르기 때문에 거기에 빠지는 것이다. 모든 올무는 올무처럼 보이지 않도록 위장을 하는 법이다.

그러므로 우리는 삼척동자도 알 만한 이 진리가 왜 굳이 잠언의 이 문맥에 들어가 있는지를 깊이 생각하고 깨달아야 한다. 그물을 보고도 그 속으로 걸어 들어가는 자, 자기를 잡으려는 올무가 설치되어 있는 줄 알면서도 발을 내딛는 자, 자기의 영혼을 잡으려고 누군가 구덩이를 파는 것을 보고도 거기에 빠지는 자들이 있다는 것이다. 얼마나 미련한 자들인가!

사람들은 "나는 모든 인간이 구원받을 것이라고 믿습니다. 모든 이가 결국은 천국으로 갈 것입니다"라고 말한다. 그러나 소리를 지르며 저항하는 사람들을 하나님께서 어떻게 붙잡아 천국으로 끌고 가실 수 있겠는가? 마귀가 올무를 놓는 것을 보고도 그것으로 걸어갈 정도로 도덕적으로 미련한 사람을 생각해보라. 그런 사람이 천국에 들어갈 준비가 된 사람이라고 생각하는가? 천국이 그런 사람에게 어울리는 곳인가? 그가 지옥에나 어울릴 만한 본질적인 미련함에 사로잡혀 있다는 생각은 안 드는가?

지옥은 도덕적으로 미련한 자들이 있는 곳이다. 지옥은 "네"

라고 말하지도 못하고 "아니오"라고 말하지도 못했던 사람들에게 어울리는 곳이다. 예수님은 "네가 이같이 미지근하여 뜨겁지도 아니하고 차지도 아니하니 내 입에서 너를 토하여 버리리라"(계 3:16)라고 말씀하셨다. 즉 "너는 뜨겁지도 않고 차지도 않다. 내 편에 서지도 않고 나를 반대하지도 않는다. 그러므로 나는 너를 적으로 여긴다. 내 속을 메슥거리게 하니 내 입에서 토해 버리겠다"라는 뜻으로 이 말씀을 하셨다.

여기서 우리의 생각을 정리해 보자. 악한 자들은 "우리가 가만히 엎드렸다가 … 숨어 기다리다가"(잠 1:11)라고 말하지만, 성령께서는 "그들이 가만히 엎드림은 자기의 피를 흘릴 뿐이요 숨어 기다림은 자기의 생명을 해할 뿐이니"(잠 1:18)라고 말씀하신다. 그들의 행동은 도덕적 자살행위이다. 자기의 악으로 목매어 자살하는 것이다. 그러므로 성령께서는 "여호와를 경외하는 것이 지식의 근본이거늘 미련한 자는 지혜와 훈계를 멸시하느니라"(잠 1:7)라고 말씀하신다.

다시 말하지만, 천국을 향하는 순례자의 길은 위험으로 가득 차 있다. 그러므로 우리는 죄인들의 제안에 "아니오"라고 말하는 법을 배워야 한다. 가장 가까운 친구가 악한 제안을 할지라도 하나님의 말씀에 "네"라고 말씀 드리고, 마음에 흔들림이 없어야 한다.

잘 생긴 턱을 도도하게 내밀고 자리를 박차고 나가며 "나는 하나님 편에 서지 않습니다. 나는 죄인이고, 죄인으로 살아갈 것입니다"라고 말하는 젊은이가 어정쩡한 사람들보다 차라리 더 마음에 든다. 이쪽도 저쪽도 아닌 중간지대를 걸어가는 두 마음을 품은 사람들보다 차라리 이 젊은이가 낫다. 이 점에서는 하나님도 나와 같이 생각하실 것이라고 나는 믿는다.

어느 편에 설 것인가

시간은 점점 흘러가고 있고, 세상은 늙어가고 있으며, 위험은 점점 더 깊어지고 있고, 순간 순간 심판이 다가오고 있다. 당신은 어느 편에 서 있는가? 오늘 당신의 위치는 어디인가?

문제의 핵심은 '마음을 온전히 바쳤느냐' 하는 것이다. 주변을 맴돌며 약간의 관심을 갖는 것으로는 안 되고, 예수 그리스도께 온전히 절대적으로 마음을 바쳐야 한다. 하나님의 은혜에 힘입어 그분께 넘어가 다시는 돌이키지 않아야 한다. 강을 건넌 후 다리를 불살라 다시 돌아올 가능성을 원천봉쇄해야 한다. 엘리야의 부름을 받고 소의 기구를 불살라버린 엘리사처럼 해야 한다(왕상 19:21). 엘리사는 쟁기를 끌던 한 겨릿소를 잡았고, 쟁기를 불사르고 그 고기를 삶아 백성에게 잔치를 베풀었다. 이제 그에게는 다시 돌아갈 곳이 없었다.

속량에서 찬란히 빛난

지혜와 능력과 은혜가 얼마나 위대한가!

그 일이 모두 하나님께서 이루신 것이라고

천군(天軍)이 기뻐하며 고백하도다.

_ 벤자민 베돔 (Benjamin Beddome)
〈지혜가 얼마나 위대한가!〉

3
PART

THE
WISDOM OF GOD

지혜의 부름에 응답하라

17 CHAPTER

우리에게 외치는
태고의 지혜

—

오, 하나님! 수 년 동안 제게 있는 죄가 제 기쁨을 파괴해 왔습니다. 제 죄가 구역질나고 미워 당신께 전부 고백합니다. 주 예수 그리스도의 보혈에 근거한 자비로운 죄 사함이 있기에 이제 회개합니다.

인류를 바라보는 시각은 딱 두 가지뿐이라는 것이 내 신념이다. 하나는 인간이 자신을 보는 관점이고, 다른 하나는 하나님께서 인간을 보시는 관점이다. 만일 우리가 집단심리(자기가 속한 집단에 있는 다른 구성원들의 행동과 믿음에 순응하고 따르는 경향)를 따른다면 계속 인간의 사고방식에 따라 자신을 생각할 것이고, 인간의 관점에서 늘 자신을 보게 될 것이다. 그러나 만일 우리가 지혜롭다면 하나님께서 우리를 생각하시듯 우리 자신을 생각하고, 그분이 보시듯 우리 자신을 보려고 애쓸 것이다.

이런 노력은 성경의 첫 부분에서 시작해서 족장들과 선지자들과 사도들을 거쳐 결국 그리스도에 이르기까지 나타나고 있는 성경의 관점을 받아들이는 것이다. 성경의 관점을 받아들인 사람은 우리가 아담의 범죄로 인하여 최초의 지위를 잃어버린 타락한 인류라고 말씀하시는 하나님의 관점에서 우리 자신을 보게 된다.

하나님이 보시는 나

나는 기록된 말씀을 뛰어넘을 정도로 지혜로운 사람이 되고 싶은 생각이 없다. 하나님께서 우리를 '타락하여 본래의 지위를 잃어버린 인류'로 규정하신다는 것을 믿지 않는 사람이 그리스도인이 되는 것은 근본적으로 불가능하다. 그리고 인간이 그분에게 죄를 범하면 우리는 "인간이 자기 자신에게 죄를 범했다"라고 말해야 한다. 하나님에게 죄를 범하는 것이 인간 자신에게 죄를 범하는 것이 된다는 것은 죄의 무서운 역설(逆說)이다. 또한 우리가 동료 인간에게 죄를 범하는 것은 하나님에게 범죄하는 것이다. 또 우리 자신에게 죄를 범하면 하나님에게 죄를 범하는 것이다.

다윗은 하나님께 "내가 주께만 범죄하여 주의 목전에 악을 행하였사오니"(시 51:4)라고 고백했다. 여기서 우리는 하나님께서 우리를 어떻게 보시는지를 알게 된다.

그러나 인간은 그분의 관점과는 완전히 다르게 자신을 본다. 인간은 자기가 아주 지혜롭고 훌륭한 존재라고 생각한다. 교육받은 사람은 "나는 거의 무(無)에서 일어섰다. 내 안에 있는 어떤 충동에 이끌려 교질성(膠質性, colloidal) 습지의 원형질로부터 힘겹게 싸워 올라와 지금은 아주 진화된 단계에 와 있다. 수소폭탄이나 코발트 폭탄으로 자살하는 일을 피할 수 있다면, 조금 후에는 초월적 존재 즉 슈퍼맨이 될 수도 있다"라고 말한다. 인간은 자신을 아주 중요한 존재로 여기기 때문에 자신에 대해 걱정을 많이 한다.

이것이 인간이 자신을 보는 관점이지만, 하나님의 관점은 전혀 다르다. 그리스도인은 하나님의 관점이 무엇인지 알기 때문에 인간의 관점에 너무 큰 영향을 받지는 않는다. 당신은 하나님 편으로, 즉 지혜의 편으로 넘어와야 한다. 그분 편으로 넘어오라고 부르는 지혜의 음성을 들어야 한다. 당신이 타락한 사람으로서 하나님의 생명에서 떠나 있고, 세상에서 소망도 없고 하나님도 없으며, 강한 정욕에 이끌리고 좌절과 모순으로 가득 차 있다는 것을 인정해야 한다.

또한, 당신이 계속 자신에게 죄를 범하고 있다는 것을 인정해야 한다. 자신에게 범죄하는 것은 결국 동료 인간에게 범죄하는 것이다. 인간의 삶과 죽음이 모두 다른 사람들과 결부되어 있기 때문이다. 그리고 당신 자신과 동료 인간에게 계속 죄를 범하는 것은 하나님에게 죄를 범하는 것이다. 인간은 먼저 하나님께 죄를 범하지 않고는 자기 자신이나 동료 인간에게 죄를 범할 수 없다. 아니면, 적어도 자기 자신이나 동료 인간에게 죄를 범하는 것 자체가 그분께 죄를 짓는 것이다. 바로 이것이 그분이 인류를 바라보시는 시각이다.

우리에게 외치는 음성이 있다

많은 이들은 이런 시각을 받아들이지 않고 성경을 거부하고 주 예수 그리스도를 부인한다. 그분이 성경의 예언대로 이 땅에 오셨다는 것을 알지 못하기 때문이다. 하지만 그럼에도 불구하고 모두에게 복된 소식은 우리에게 소리치는 음성이 있다는 것이다.

너희 어리석은 자들은 어리석음을 좋아하며 거만한 자들은 거만을 기뻐하며 미련한 자들은 지식을 미워하니 어느 때까지 하겠느냐 나의 책망을 듣고 돌이키라 보라 내가 나의 영을 너희에게 부어주며 내 말을 너희에게 보이리라 내가 불렀으나 너희가 듣기 싫어하였고 내가 손을 폈으나 돌아보는 자가 없었고 도리어 나의 모든 교훈을 멸시하며 나의

책망을 받지 아니하였은즉 잠 1:22-25

이 음성은 우리에게 "의인의 지혜로 돌아오라"라고 부른다. 여기서 우리가 한 가지 생각해야 할 것은, 하나님과 우리 사이에 서로 맞는 점이 있어야 한다는 것이다. 내가 이 이야기를 하는 것은 성경이 "나를 사랑하는 자들이 나의 사랑을 입으며 나를 간절히 찾는 자가 나를 만날 것이니라"(잠 8:17)라고 말하기 때문이다.

내가 볼 때 우리는 기독교의 개념을 저급하게 추락시켰다. "그리스도의 구원은 조난자(遭難者)를 구조하는 것, 채무자의 은행 빚을 대신 갚아주는 것, 또는 시장에 매물로 나온 노예를 사서 해방시켜 주는 것입니다"라고 말해왔기 때문이다. 우리는 비유를 왜곡하여 교리로 만들어버리는 잘못을 범했다. 기독교를 상업적 논리와 합리적 사고로 설명하려다가 결국 "우리가 채무자였지만 그리스도께서 오셔서 우리의 빚을 대신 갚아주셨습니다"라고 말하는 지경에까지 이르게 된 것이다.

물론 이런 내 비판에 오해의 소지가 있다는 것을 잘 안다. 그분이 오셔서 우리의 빚을 갚아주신 것은 맞다! 그러므로 "예수님이 모두 갚아주셨으니 나는 전부 그분께 빚지고 있네. 죄가 진홍빛 자국을 남겼으나 그분이 눈같이 희게 씻어주셨네"(엘비나 M. 홀)라고 노래할 때 우리는 진리를 노래하는 것이다.

그러나 이 진리가 왜곡되어 소위 '구명정 구원'이라는 개념으로 전락했다고 나는 확신한다. 이 개념에 의하면, 그리스도는 영적 조난자들이 타고 있는 구명정으로 황급히 접근해 그들을 지옥행에서 구해내신다는 것이다. 물론, 그분이 인간을 지옥행에서 구해내시는 것은 맞다. 지옥을 향해 가고 있던 인간이 회심하면 180도 방향을 바꾸는 것이고, 결국에는 천국에 이르게 될 것이다.

이 모든 것은 사실이다! 그러나 내 귀에 들리는 그리스도의 음성으로 판단하건대, 언제나 그분은 시장과 환전소의 언어로 말씀하시지 않는다. 한때 포근한 어머니의 품에서 울음을 터뜨렸던 예수 그리스도께서 내 귀에 들려주시는 것은 영원한 지혜가 담긴 태고의 언어이다.

그분은 어리석음에 이끌려 범죄하여 하나님을 떠나고 자신에게 합당한 자리를 잃어버린 사람들에게 "너희 미련한 자들과 어리석은 자들아, 내게로 돌아오라. 어찌하여 죽으려느냐? 나는 나를 사랑하는 자들을 사랑하노라"라고 말씀하신다. 그렇다! 우리는 그분을 사랑하는 자들이 그분께 사랑을 받는다는 것, 즉 그분과 우리 사이에 서로 맞는 점이 있어야 한다는 것을 알아야 한다.

하나님에게서 멀어지는 죄

그리스도는 인성(人性)을 취하여 육체로 와서 우리의 모든 사악함을 속죄하신 '태고의 지극히 뛰어난 지혜'이시다. "죄는 속죄가 필요할 만큼 사악한 것은 아니다"라는 주장은 완전히 비성경적인 것이다. 은혜와 자비에 대한 해석이 죄를 하나님 앞에서 합리적으로 완전히 용납될 수 있는 것으로 본다면, 그런 해석은 전혀 틀린 것이다. 죄가 어떤 식으로든 용납될 수 있다고 말하는 교리나 견해는 성경에서 떠난 것이다. 그런 것은 죄에 대한 하나님의 관점이 아니다.

하나님께서는 죄를 '멀어지는 것'으로 보신다. 그분이 보실 때 죄는 그분의 뺨을 때리고 분노에 찬 창백한 얼굴로 그분의 존전에서 빠져나와 어둠 속으로 들어가는 것이다. 죄는 언제나 그런 것이다! 그런데 그분이 우리의 모든 악을 속죄하기 위해 그분의 거룩한 아들을 보내셨고, 회개하여 의인의 지혜로 돌아오는 사람은 구원을 얻게 된다.

그렇다면 회개는 무엇인가? 사탄은 성경을 믿는 그리스도인들의 마음에 "회개는 신약의 교리가 아니다. 은혜의 능력이 이런저런 식으로 작용하기 때문에 이제 회개는 불필요하다"라는 생각을 집어넣는 데 성공했다. 참된 신앙을 파괴하기 위한 사탄의 이런 속임수는 지난 세대에 모든 자유주의자들이 사용한 속임수보다 더 교묘하다. 내가 볼 때, 회개가 신약의 교리가 아니라는 교훈은 지극히 위험하다.

죄를 미워하라

그렇다면 이 교훈의 뿌리는 어디일까? 저쪽 강둑으로 건너가서 바울의 시대를 둘러보자. 그는 자기가 회심할 자격도 없는 죄인 중의 괴수라고 말했다. 베드로도 예수님께 "주여 나를 떠나소서 나는 죄인이로소이다"(눅 5:8)라고 말씀드렸다.

역사를 보면, 진정한 그리스도인들은 모두 바울이나 베드로 같은 태도를 보였다. 그들은 가슴을 치며 "나의 하나님! 나의 하나님! 내가 어찌해야 합니까? 내 구주여! 내 죄, 내 죄, 내 죄가 나를 꽉 붙잡고 있습니다"라고 외쳤다. 이것이 참된 그리스도인의 입에서 나올 수 있는 소리이다.

당신 자신과 당신의 죄 문제를 해결할 수 있는 유일한 방법은 "전능하신 하나님, 제가 죄를 역겨워하게 하소서. 죄를 죽도록 미워하게 하소서"라고 기도하는 것이다. 죄를 극도로 역겹게 느끼는 체험 없이 진정한 회심에 이른 사람이 과연 몇 명이나 될까? 회심에 이른 사람들은 죄를 극도로 미워했다. 자신의 죄를 보고 죽도록 역겨워하며, 절망감에 빠지고, 피가 마르고 수치심을 느끼는 체험을 하지 않고 그리스도를 믿어 구원에 이르는 것이 심리적으로 가능할까?

당신께서 우리 같은 피조물을
기뻐하실 수 있으셨을까요?
당신을 보았을 때 멸시하고
나무에 못 박은 우리를 말입니다.
오, 깊이를 알 수 없는 놀라운 일!
거룩한 신비!

_ 윌리엄 카우퍼 (William Cowper)
〈하나님께서 산을 만드시기 전에〉

18 CHAPTER

미련함에서
지혜로 돌이키라

―

하늘에 계신 아버지! 저는 너무 오랫동안 자신의 지혜를 따라 살아왔기에 안식과 평안을 얻지 못했습니다. 하지만 당신의 영원한 지혜에 따라 예수 그리스도를 통해 회개에 이르는 기적이 일어남으로 아버지의 평안이 제 삶 속에 들어오게 되었습니다.

우리는 회개를 하나님의 시각에서 이해해야 한다. 회개는 단순히 마음의 평안을 얻는 것이 아니다. 전혀 변하지 않고도 마음의 평안을 얻을 수 있기 때문이다. 회개는 다른 사람이 되기 원하는 것이다. 또한 회개는 천국행 티켓을 얻는 것이 아니다. 그리스도인은 야구경기 관람 티켓을 손에 넣듯이 천국행 티켓을 얻은 사람이 아니다. 그리스도인은 다른 사람이 되려고 애쓰는 사람이다. 자기의 잘못을 깨달은 사람이며, 자기가 얼마나 악한 사람인지를 성령의 조명에 의해 홀연히 알게 된 사람이다.

진정한 회개는 변화를 갈망한다

그는 자기가 죄 많은 인간 쓰레기임을 알고 자신을 미워하며, 다른 사람이 되기를 갈망한다. 과거의 자기를 미워하면서, "그때 하나님과 사람들에게 죄를 범하기보다 차라리 죽었어야 했는데…"라고 후회한다. 이것이 시편과 복음서를 비롯한 성경의 모든 곳에서 발견되는 회개이다. 이것이 집을 나간 청년, 즉 탕자가 보여준 회개이다. 이것은 사도 바울에게서, 그 후 여러 해 동안 나타난 모든 교부들의 고백에서 발견된다.

일부 사람들은 기독교를, 몇 년이 지나도 세상을 버리지 않고 세상과 짝하는 사람을 위한 종교적 장식품으로 만들어버렸다. 그러나 앞서 말했듯 회개는 완전히 변하여 다른 사람이 되기 원하는 것이다. 현재의 자기를 버리고 다른 사람으로 변한 자신을 보고 싶어 하는 것이다.

실제로 하나님께서 우리의 삶 속에서 그분의 일을 온전히 이루실 때 우리는 다른 사람이 된다. "그런즉 누구든지 그리스도 안에 있으면 새로운 피조물이라 이전 것은 지나갔으니 보라 새 것이 되었도다"(고후 5:17)라는 말씀을 기억하라. 그렇다! 회개는 옛 사람은 죽고 그 자리에 새 사람이 사는 것이다!

회개는 다른 사람이 되려는 것이고, 마음의 문을 열어 도덕적 지혜를 받아들이는 것이며, 온전히 뛰어난 지혜를 닮으려는 것이다. 주 예수 그리스도를 닮고 그분처럼 살려는 것이다. 그러므로 "그리스도께서는 영적 조난자를 변화시키지 않으시고도, 그와 하나가 되시지 않고도, 그가 그분과 하나가 되는 일 없이도 그를 구하실 수 있다. 구명정에서 구조를 기다리고 있는 사람을 변화시키지 않아도 구명정을 끌어당기기만 하면 그를 구해낼 수 있는 것처럼 말이다"라는 주장은 현대판 이단이다. 이런 이단은 주님이 오실 때까지, 아니면 사람들이 지혜로워져서 이 이단에 속아 넘어가지 않게 될 때까지 이 나라의 모든 설교단에서 산산이 부서져야 한다.

도덕적 지혜가 미련한 자를 구할 수 있는 것은 아니다. 도덕적 지혜는 미련한 자가 자신의 미련함을 버리고 의인의 지혜로 돌아올 때 비로소 그를 변화시켜 구할 수 있다. 그리스도의 은혜가 아무리 고귀하고 효력이 있다 할지라도 도덕적 영역에서 계속 미련한 자로 남기를 고집하는 사람까지 구원할 수는 없다.

도덕적으로 미련한 자

"나는 구원받기 원하지만 선하게 사는 것에는 관심 없습니다"라고 말하는 사람은 도덕적으로 미련한 자이며, 미련한 말을 하는 것이다. 이런 사람은 변하지 않는 한 결코 구원받을 수 없다. 이 사람이 다른 사람으로 변해서 "나는 선하게 되기를 원합니다. 구원받는 것보다 하나님과 그리스도를 닮는 것에 더 관심이 있습니다. 더 이상 돈 바꾸어주는 유대인처럼 살고 싶지 않습니다"라고 말할 수 있을 때 비로소 구원받을 수 있다.

그의 마음 가장 깊은 곳으로 지혜가 찾아와 그가 "도덕적 우주 안에 사는 도덕적 존재로서 하나님의 법을 어기고 죄를 범하는 것이 얼마나 이상하고 모순되며, 얼마나 두렵고 무서운 것인지를 이제 내가 깨달았습니다"라고 고백하면서 선한 사람이 되기를 갈망할 때 비로소 천국의 소망을 가질 수 있다.

"나는 심판을 면하고 싶지만 정직하게 살고 싶지는 않습니다"라고 말하는 자는 누구나 도덕적으로 미련한 자이다. 이런 사람은 "사업을 하려면 편법을 사용해야 하는데, 나는 편법을 포기할 마음이 없습니다"라고 말할 것이다. 그는 "미련한 자들은 지식을 미워하니 어느 때까지 하겠느냐 나의 책망을 듣고 돌이키라"(잠 1:22,23)라고 속삭이는 태고의 뛰어난 지혜의 부드러운 음성을 듣지 못한 것이다. "나는 하나님의 자녀가 되고 싶지만 거짓말을 그만두고 싶은 생각은 없습니다"라고 말하는 자는 도덕적으로 미련한 것이다. 그가 미련함을 버리지 않는 한 하나님도 그를 구원하실 수 없다.

"나는 천국에 가고 싶지만 깨끗한 삶을 살고 싶지는 않습니다. 현재의 삶을 계속 누리는 자유를 포기하고 싶지 않습니다. 나 자신을 조금 바꾸고 조금 더 훌륭한 삶을 살겠다는 마음은 있지만, 깨끗한 삶을 살 생각은 없습니다. 성결을 갈망하는 마음은 없습니다"라고 말하는 사람도 있다. 그리고 "나는 지옥을 피하고 결국 천국에서 살기 원하지만, 다른 사람들처럼 사는 것을 포기하고 싶은 마음이 특별히 강한 것은 아닙니다. 물론 아주 나쁜 것들 중 일부는 포기할 의향이 있지만, 그래도 전반적으로는 그냥 세상 돌아가는 대로 살기 원합니다"라고 말하는 사람도 있다.

이런 이야기들은 모두 도덕적으로 미련한 자들의 소리이다. 이것들은 지혜의 언어가 아니라 멸망으로 달려가는 자들의 미련한 소리이다. "나는 구원을 얻기 원하지만 선한 사람이 되고 싶지는 않습니다", "천국에 가고 싶지만 이 땅에서 의롭게 살기를 특별히 원하지는 않습니다", "하나님의 자녀가 되고 싶지만 먹고 살기 위해서는 거짓말을 조금 해야 합니다", "지옥을 피하기 원하지만, 조금은 부정직하게 살 수밖에 없습니다"라고 말하는 사람들에게 우리가 무슨 말을 해줄 수 있을까?

도덕적으로 미련한 자들의 말을 들을 때 내 머리에 떠오르는 성경구절은 "모든 거짓과 악행이 가득한 자요 마귀의 자식이요 모든 의의 원수여 주의 바른 길을 굽게 하기를 그치지 아니하겠느냐"(행 13:10)라는 말씀뿐이다.

간절히 찾는 자가 만나게 된다

나는 은혜와 이신칭의(以信稱義) 교리를 전심으로 믿고, 또 여전히 정기적으로 설교한다. 그러나 이 교리를 왜곡해서 마치 기독교가 '손만 뻗으면 쉽게 구원을 주는 종교'로 만들려는 자들이 있는데, 그들은 "당신이 손만 뻗으면 하나님이 만나주시고 건져주시며 천국행 티켓을 주시므로 천국행 열차에 얼마든지 올라탈 수 있습니다"라고 말한다. 그러나 그렇지 않다! 다음과 같은 성경 말씀을 잊지 말라.

"나를 사랑하는 자들이 나의 사랑을 입으며 나를 간절히 찾는 자가 나를 만날 것이니라"(잠 8:17).

"나의 책망을 듣고 돌이키라 보라 내가 나의 영을 너희에게 부어주며 내 말을 너희에게 보이리라"(잠 1:23).

이것은 수 세기에 걸쳐 울려 퍼진 예수 그리스도의 음성이다.

회개하는 사람은 다른 사람이 되기 원한다. 당신이 아직도 자기사랑에 빠져 있고, 당신 자신을 단지 조금만 바꾸겠다는 생각에 사로잡혀 있다면, 당신 안에는 영이나 지혜가 없는 것이다. 내가 볼 때 그런 당신의 마음에 믿음이 다가오거나 들어올 가능성은 전혀 없다. 다른 사람이 되려고 노력하면서 온유하고 겸손히 자기를 부인하는 방법 말고 다른 방법으로 그리스도께 나아오는 자는 사실 그분께 온 것이 아니다. 그리스도께 온 사람은 악을 미워하고 의를 사랑하기 원한다. 그리스도께 왔다고 주장하는 자가 악을 미워하고 의를 사랑할 능력이 있음에도 불구하고 그렇게 하지 않는다면, 여전히 의의 원수이며 악에게 속박되어 있는 것이다.

회개는 잘못에 대해 변명하지 않고 자책하는 것이다. 누군가 자신의 삶의 방식에 대해 변명을 늘어놓으면서 이렇게 말한다고 가정해 보자.

"설교자의 권유에 따라 영접기도를 드리려고 설교단 앞으로 나가 무릎 꿇고 옆 사람들의 영접기도를 따라하는 저 사람보다는 내가 더 선합니다. 주님의 계명들을 손가락으로 하나씩 하나씩 짚어가면서 '주님, 이 계명은 내가 범하지 않았습니다. 그 다음 것은 범했습니다. 그 다음 것은 범하지 않았습니다. 그 다음 것은 범했습니다. 그리고 그 다음 것은 범하지 않았습니다'라고 말하는 사람보다는 내가 더 선합니다."

이렇게 말하는 자는 아직 회개가 무엇인지 모르는 것이다! 변명이 있는 곳에는 믿음이 없다. "내가 잘못했습니다. 내가 잘못했습니다"라는 자기비난의 고백은 회개하는 자의 언어이며, 태고의 지혜의 언어이다.

우리는 의로운 존재가 아니었다

구원받기 원하는 사람은 겸손과 정결과 절제를 거부해서는 안 된다. 내가 이렇게 말하니까 "이런 자질들이 있어야 회심할 수 있다는 뜻으로 말하는 것인가요?"라고 물을지 모르겠다. 내 말을 오해하지 말라. 나는 "구원을 받으려면 이런 자질들이 있어야 한다"라고 말하지 않았고, "구원을 받기 원하는 사람은 이런 자질들을 가지려고 애쓰는 사람이 되어야 한다. 그는 이런 자질들을 받아들이기 위해 마음의 문을 열어야 한다"라고 말한 것이다.

작은 반점이 있는 새가 그 반점을 바꿀 수 없다는 것을 나는 잘 안다. 우리 중 누구라도 피부를 바꾸는 것이 불가능하다는 것을 나는 잘 안다. 하나님께서 우리가 의로운 존재일 것이라고 기대하시지 않는다는 것도 나는 잘 안다. 우리가 의로운 존재라면 그분이 우리를 구원하기 위해 오실 필요가 없으셨을 것이다. 그분이 우리를 돌이켜 의로 향하도록 해줄 지혜를 우리에게 주기 원하시는 것은 우리가 의롭지 않기 때문이다.

이 지혜가 생기면 우리의 애정과 얼굴은 의로 향하게 될 것이고, 예수님의 비유에 나오는 탕자처럼 방향을 180도 바꿔 하나님을 향해 발걸음을 내디딜 것이다. 회개하는 사람은 이 세상과 세상의 일들과 덧없는 시간에 싫증이 나서 하나님과 영원한 지혜를 갈망하게 될 것이다.

당신이 기독교가 단지 지옥을 피하는 것이라고 믿는다 해도 나는 당신에게 소망이 없다고 단정적으로 말하지는 않겠지만, 당신이 음성 즉 성경의 음성을 아직 듣지는 못했다고 말하겠다. 당신은 아직 성령의 음성을 듣지 못한 것이다. 영원한 지혜의 음성은 "나를 사랑하는 자들이 나의 사랑을 입으며"(잠 8:17)라고 말하기 때문이다. 성령께서 들려주시는 속죄의 복음의 음성은 사람들에게 "너희는 다른 사람이 되어라!"라고 외친다.

"나는 지금과 다른 사람이 되기 원합니다. 현재의 나와는 다른 존재가 되고 싶습니다. 변하고 싶습니다. 현재의 나에 만족하지 못합니다. 당신을 믿고 싶습니다. 당신을 신뢰하기 원합니다. 당신을 닮기 원합니다. 지옥을 피하고 싶을 뿐만 아니라 죄도 피하고 싶습니다. 결국 천국에 가기 원할 뿐만 아니라 지금 내 마음에 천국이 이루어지기 원합니다. 속량 받은 자들과 함께 천국에 거하기를 원할 뿐만 아니라 여기 이 땅에서도 그들처럼 되기를 원합니다. 다른 사람이 되고 싶습니다."

이렇게 말할 수 있는 것이 회개이다! 이런 회개를 모른다면, 회개가 무엇을 위한 것인지도 모르는 것이다.

피조물에서 찾을 수 없는 지혜

헨리 수소가 쓴 책에는 그가 믿음생활 초기에 주님께 드린 기도가 기록되어 있다.

"자비하신 사랑의 주님! 어린 시절부터 저는 타는 목마름으로 무엇인가를 찾아 왔지만 그것이 무엇인지를 아직 완전히 알지는 못합니다."

우리는 어린 시절이 아무 근심걱정 없는 시절이라고 생각하는 경향이 있다. 우리는 "우리 모두는 어린아이처럼 되어야 합니다. 어린아이에게는 두려움도 갈망도 후회도 없습니다"라고 말한다. 그러나 자신의 어린 시절을 돌아보고도 "어릴 적에 나에게는 두려움이나 갈망, 후회가 없었습니다"라고 말할 수 있는 사람이 얼마나 될까?

어쩌면 당신은 그리스도인 가정에서 성장한 사람이 아닐 수도 있다. 어쩌면 복음을 믿는 교회에 출석하지 않았을지도 모른다. 빛을 볼 수 있는 기회가 당신에게 전혀 주어지지 않았을지도 모른다. 그럼에도 불구하고 어릴 적에 무엇인가를 향한 갈망이 당신의 마음속에 있었을 것이다. 방금 인용한 헨리 수소의 기도 다음에 이어지는 기도를 계속 들어보자.

"주여, 그것이 무엇인지 아직 완전히 알 수는 없습니다. 주여, 그것을 여러 해 동안 열심히 찾았지만 아직 발견하지 못했습니다. 그것이 무엇인지 정확히 모르기 때문입니다. 하지만 그것이 저를 자기에게로 이끌고 있습니다. 그것이 없으면 제게는 참된 평안이 없을 것입니다."

헨리 수소는 이 땅에 살면서 하나님의 숨결을 향해 마음의 문을 열었던 사람이다. 그는 교회에 가보기도 전에 복음의 음성을 들었던 것이다! 요한복음은 "참 빛 곧 세상에 와서 각 사람에게 비추는 빛이 있었나니"(요 1:9)라고 말한다. 하나님께서 수소에게 말씀하셨던 것이고, 수소는 "주님, 제가 찾고 있었던 것이 무엇인지 저는 모릅니다. 하지만 분명히 아는 것이 하나 있습니다. 제가 찾고 있었던 그것 없이는 제게 평안이 없을 것이라고 느꼈다는 것입니다"라고 고백했던 것이다.

복음을 모르고, 성경을 많이 알지 못하는 사람이 마음속으로 수소처럼 말하기는 쉽지 않을 것이다. 하지만 당신에게는 당신의 영혼을 끌어당기는 그 무엇을 향한 갈망이 있었다(심지어 지금도 있을지 모른다). 아마도 당신은 여러 날 동안 계속 그 갈망을 억누르며 마음 밖으로 몰아냈을 것이다. 그것을 잊으려고 학교에서 미친 듯이 공부하거나 직장에서 일에 몰두했을 것이다. 그것을 숨기고 덮어버리려고 책을 읽고 라디오를 듣고 텔레비전을 보고 야구경기를 관람했을 것이다. 그럼에도 불구하고 그것은 당신의 마음속에 있다. 그것이 언제나 거기에 있었고, 지금도 있다는 것을 당신은 알고 있다.

수소는 "저는 뭔지 정확히 알 수 없는 그것을 피조물에서 찾으려고 시도했습니다"라고 고백한다. 아마 당신도 그것을 남자친구나 여자친구 또는 이런저런 일들에서 찾으려고 애썼지만 실패했을 것이다. 큰 자동차가 혹시 그것이 아닐까 하여 큰 자동차를 구입했지만, 도로경계석 옆에 주차해놓은 후 혼자 방에서 외로움을 씹고 있는 자신의 모습을 보게 되었을 것이다. 그렇다면 스포츠, 돈, 아니면 좋은 직업일까? 혹시 교육은? 수소의 고백을 더 들어보자.

"다른 이들을 따라서 저도 그것을 피조물에서 찾으려고 노력했습니다. 하지만 더 열심히 찾을수록 그것의 발견은 더 요원해졌습니다. 다가갈수록 그것은 내게서 더 멀어졌습니다."

수소가 우리의 마음을 들여다보듯이 말하고 있는 것은 정말 놀랍다! 아니, 이 말을 취소한다. 전혀 놀랍지 않다. 그의 마음이나 우리의 마음이나 똑같기 때문이다!

쉬지 않으시고, 서두르지 않으시고,
빛처럼 조용하시고,
부족함 없으시고, 쇠하지 않으시니
당신은 능력으로 통치하십니다.
또 공의로 통치하시니
당신의 공의는
당신의 구름 위로,
즉 선함과 사랑의 샘 위로,
마치 산처럼 높이 솟아오릅니다.

_ 월터 C. 스미스 (Walter C. Smith)
〈오직 하나님만이〉

19 CHAPTER

돌아오라 부르는
지혜의 음성

―

오, 하나님! 불안에 쫓기던 제 영혼이 결국 당신 안에서 온전한 평안을 찾았습니다. 이에 당신을 찬양합니다. 오, 하나님! 오직 당신만을 구합니다. 더 이상은 제게 필요치 않습니다.

세상은 두 부류의 인간으로 구성되어 있다. 하나는 에서 같은 사람들이고 다른 하나는 야곱 같은 사람들이다. 에서 같은 사람들은 땅의 사람일 뿐이다. '불꽃을 봐도 태평한, 완결된, 유한한 흙덩어리들'이다. 이들에게는 양심이 없고, 하나님을 향한 갈망이 없으며, 영원한 지혜의 음성을 들은 적이 없다.

야곱 같은 사람들은 비뚤어지고 사악하고 교활하고 불화하지만, 그래도 마음속에 갈망이 있다. 물론 그들이 추구하는 것이 언제나 의로운 것은 아니다. 20년 동안 야곱은 그의 장인 라반을 속였고, 아내들과 함께 자식을 낳았으며, 라반의 집에서 나이를 먹어가며 비열하게 살았다. 그런데 하나님은 늘 야곱에게 "네가 찾아야 할 것은 이것이 아니다"라고 말씀하셨다.

내 영혼이 진정으로 갈망하는 것

"내가 이것을 얻기만 하면 정말 행복할 거야!"라는 생각이 들 때 당신의 내면에서 그분의 음성이 들린 적이 있는가? 이제까지 나는 결혼한 지 얼마 안 되는 젊은 여자들의 고백을 종종 들어왔다. 그들은 마음속의 두려움을 털어놓으면서 자기들이 얼마나 힘든 입장에 있는지, 얼마나 실망하고 있는지를 고백했다. 그들이 남편에게 실망하는 것은 아니지만, 결혼생활이 결혼 전에 생각했던 것과는 많이 다른 것에 실망하는 것이다.

그녀는 오렌지꽃 향기를 맡으며 웨딩마치를 올렸지만 결혼 후에는 "오, 하나님! 내가 기대했던 것은 이것이 아닙니다. 이것은 아닙니다. 저는 남편을 사랑하고, 남편은 좋은 사람입니다. 그는 내게 과분한 사람입니다. 하지만 이것은 아닙니다"라고 고백하게 된다.

젊은 남자가 노력하여 박사학위를 얻었지만, "오, 하나님! 이것이 아닙니다. 내가 생각했던 것은 이것이 아닙니다"라고 고백하게 된다. 또 어떤 남자는 고급 차를 샀지만, 도로경계석 옆에 서서 "내 하나님, 이것은 아닙니다. 이것은 아닙니다"라고 말씀드린다.

나는 하나님께서 늘 나를 따라다니시며 항상 나를 힘들게 하신 것에 대해 충심으로 감사한다. 내가 지금까지 늘 곤경 가운데 살아온 것에 대해 그분을 언제까지나, 언제까지나 찬양할 것이다. 내가 어떤 것에 안주하기 시작하면 그분은 즉시 "그것이 아니다. 그것이 아니다"라고 말씀하신다.

헨리 수소는 이렇게 기도했다.

"저는 세상에 있는 것들에 역겨움을 느낍니다. 세상의 모든 즐거움과 재미는 제가 찾는 것이 아닙니다. 지금 제 마음이 갈망하는 그 무엇이 있습니다. 그것이 나타난다면 와락 붙잡을 것입니다. 그것처럼 보이는 것을 종종 체험했지만, 그것은 아니었습니다. 진짜 그것! 그것은 아직 제 마음이 발견하지 못했습니다."

이것이야 말로 인간이 드릴 수 있는 지극히 아름다운 기도가 아니겠는가! 수소는 경건서적과 아름다운 찬송가를 썼다. 그는 마음속으로 갈망하는 것을 찾지 못해서 갈등하다가 결국 음성을 들었고, 그 음성은 이렇게 말했다.

"오직 나를 위해 영원 안에서 너를 택하여 영원한 섭리의 품 안에 안은 것은 바로 나 '영원한 지혜'이다. 네가 나를 떠나 다른 것들에게 가려고 종종 시도했지만 내가 막았기 때문에 네가 가지 못했다. 네가 그것들에게 가려고 했을 때마다 장애물을 만난 것은 반드시 너를 내 것으로 삼겠다는 내 의지를 보여주는 복된 표적이었다."

이 음성을 듣고 기록한 수소는 "헨리, 네가 찾았던 존재는 바로 나다"라는 하나님의 말씀을 성경을 통해 들었던 것이다. 내가 이렇게 말할 수 있는 이유는 그동안 그에게 줄곧 말씀해 오셨던 분이 바로 그리스도시라는 것이 밝혀지기 때문이다. 그는 그분의 음성을 듣고 그분께 대답했다. 그는 이 태고의 지혜를 발견했고, 이 지혜는 그에게 말했다.

이 지혜에 대해 바울은 "그[그리스도] 안에는 지혜와 지식의 모든 보화가 감추어져 있느니라"(골 2:3)라고 말했다. 그렇다! 이 지혜는 다름 아닌 그리스도이신데, 그분이 수소에게 "네가 찾아왔던 것이 바로 나다. 네가 여러 해 동안 찾았지만 발견하지 못했던 것은 바로 영원한 지혜이다. 나를 찾고 싶은 마음이 네게 생겼던 것은 내가 너를 택했기 때문이다"라고 말씀하셨던 것이다.

이제 그분의 음성을 들어라. 당신의 교리나 신경이 무엇이든지 간에, 그 음성을 들어라. 그분은 "너희가 나를 택한 것이 아니요 내가 너희를 택하여 세웠나니"(요 15:16)라고 말씀하셨다. 그 음성이 들리는가?

에서는 그 음성을 들을 수 없었다. 그의 귀가 붉은 진흙으로 꽉 막혀 있기 때문이다. 그는 진흙에서 태어났고, 진흙 위에서 살고, 죽어 진흙에 묻힐 것이고, 결국에는 그의 붉은 진흙 침대에서 두려움 가운데 깨어나 하나님 앞에서 심판을 받을 것이다. 그러나 모든 야곱이 비뚤어지고 죄 많고 악할지라도, 복음의 부름에 응답하는 것이 그의 안에 있다. 그리하여 하나님은 그에게 "영원 전부터 내가 나를 위해 너를 택하였다. 네가 모든 피조물에서 역겨움을 느끼는 것은 네가 선택받은 자라는 참된 증거이다"라고 말씀하신다.

야망, 꿈, 희망 같은 세상의 이런저런 것들에 만족하는 것은 끔찍한 일이다. 그것들이 결국에는 당신을 맞대놓고 비웃을 것이기 때문이다. 희망은 당신을 실망시킬 것이고, 그것의 비웃음 소리가 들릴 때에는 이미 너무 늦은 것이다.

"나를 사랑하는 자들이 나의 사랑을 입으며 나를 간절히 찾는 자가 나를 만날 것이니라"(잠 8:17)라고 말씀하는 분은 바로 예수님이시다. 다른 누구도 이 말을 할 수 없다. 그분이 구약과 신약의 지혜이시기 때문이다. 그분이 당신을 부르고 계신다.

의인의 지혜로 돌아오라

나는 당신에게 스트레스를 주려는 생각은 없고, 다만 당신이 자신의 삶에 대해 냉정하고 진지하게 생각해보기를 바란다.

만일 당신이 모든 헛된 것들로 인하여 마음고생을 했다면, 이제 당신의 삶의 목적을 어디에서 발견할 수 있는지를 말해주고 싶다.

"수고하고 무거운 짐진 자들아 다 내게로 오라 내가 너희를 쉬게 하리라"(마 11:28).

이 말씀은 당신을 부르시는 예수님의 음성이다. 이것은 미련한 자의 미련함을 버리고 의인의 지혜로 돌아오라고 부르는 태고의 영원한 지혜의 음성이다. 이것은 현재의 당신을 버리고 당신이 원하는 존재로 바뀌라는 부름이요, 어제에 얽매이지 말고 영광스런 미래로 나아가라는 호소이다. 그리스도는 "보라! 내가 길모퉁이에 서 있다. 보라! 내가 어느 곳에나 있다. 보라! 내 목소리가 울려 퍼지고 있다"라고 말씀하신다. 복음의 초대장이 날아가는 곳이라면 어디에서나 그분의 음성이 들린다. "오라! 오라! 오라! 오라!"

나는 종종 시골 교회의 종소리를 생각한다. 주일 오전 10시30분 쯤 되면 "뎅! 뎅! 뎅!" 하고 종이 울렸다. 그 소리를 듣고 농부들이 도처에서 모여들었다. 이 종소리에는 "오라! 오라! 오라! 오라! 오라! 오라! 오라! 오라!"라는 뜻이 담겨있다. 〈자연림 안의 교회〉(the Church in the Wildwood: 윌리엄 S. 피츠 박사가 1857년에 쓴 곡)를 쓴 사람은 분명히 이것을 생각하며 썼을 것이다. "오라!" 이것이 교회 종소리의 뜻이요, 복음의 메시지요, 예수님의 말씀이다!

당신 자신을 버려라. 다른 사람이 되라. 하나님과 협상하려고 하지 말라. "나는 구원받고 싶습니다"라고 말하지 말고 이렇게 말하라.

"오, 예수님! 제가 무엇인가를 갈망하고 찾았지만, 그것을 어디에서 발견해야 할지 몰랐습니다. 그러나 지금은 그것이 무엇인지 압니다. 그것은 영원한 지혜입니다. 당신이 저를 택하여 당신의 것으로 삼으셨습니다. 재능과 재물과 보화에도 불구하고 만족이 없고 마음에 평안이 없었던 이유는 당신이 저를 선택하여 끊임없이 마음을 흔드셨기 때문입니다."

하나님께서 항상 당신의 마음을 흔드신 것을 감사하라. 전능의 하나님께서 당신이 마음의 안정을 얻어 에서처럼 되는 것을 허락하시지 않도록 기도하라. 마음이 말끔히 정리되어 평안한 에서보다는 시달리는 야곱, 뒤숭숭한 야곱, 좌절하는 야곱, 마음이 무거운 야곱이 더 낫다.

앞을 보나 뒤를 보나 당신의 시선과 마주치고,
당신의 무거운 손길을 느낍니다.
이 지식이 내게는 너무 높아서
깨닫거나 도달할 수 없습니다.
당신의 기사(奇事) 중 무엇을 내가 알 수 있습니까?

당신의 목적 중 무엇을 볼 수 있습니까?
당신의 영을 피해 어디로 갈 수 있습니까?
당신 앞에서 어디로 도망할 수 있습니까?

_ 존 Q. 애덤스 (John Q. Adams)
 〈모든 것을 분별하시는 주여!〉

20 CHAPTER

지혜의 음성은
선택을 요구한다

사랑하는 하늘 아버지, 당신의 순수함과 거룩함의 온전한 아름다움 가운데 오직 당신을 영화롭게 하기 원합니다. 제 평생에 당신의 지혜가 저를 인도하셔서 당신을 높이고 제게 복을 주는 선택들을 하게 하소서.

여기서 음성, 즉 말씀하시는 지혜의 음성을 들어라. 교부들이 "오, 뛰어난 지혜여!"라고 감탄했던 저 아름다운 소피아의 음성을 들어라. 이 아름다운 소피아는 '빛의 첫 아들들'보다 더 나이가 많다. 시인 바이런(Byron)이 바다에 대해 읊었던 시구가 소피아를 노래한 것 같다는 느낌마저 든다.

"시간도 당신의 하늘빛 이마에 주름 한 줄 긋지 못하니, 천지창조의 새벽이 보았던 그 모습 그대로, 당신은 지금도 넘실거립니다."

내가 이렇게 말하는 것은 소피아가 하나님과 똑같이 영원하기 때문이다. 내가 이제까지 힘써 강조했듯이, 이 지혜는 비록 여성으로 표현되지만 사실 성령으로 잉태되어 동정녀 마리아에게서 태어난 우리 주 예수 그리스도이시다. 온전한 지혜가 '죽을 수밖에 없는 육신'으로 이 땅에 오셨던 것이다.

지혜는 인간에게 관심을 가진다

지혜는 잠언에서 "내 아들아!"라고 거듭 부른다. 왜 하나님께서 타락한 인간에게 관심을 가지실까? "또 자기 지위를 지키지 아니하고 자기 처소를 떠난 천사들을 큰 날의 심판까지 영원한 결박으로 흑암에 가두셨으며"(유 1:6)라는 유다서의 말씀에서 알 수 있듯이, 그분은 타락한 천사들에게는 그토록 관심을 갖지 않으셨다. 타락한 천사들이 갇혀 있는 감옥의 칠흑 같은 어둠 위로는 한줄기 빛도 비치지 않는다.

인간을 위한 속량은 있는데 왜 타락한 천사들을 위한 속량은 없는가 하는 의문이 때때로 내 머리에 떠오른다. 하지만 이제는 내가 그 이유를 알았다고 생각한다. 하나님은 천사들을 만드실 때 "우리의 형상을 따라 천사들을 만들자"라고 말씀하지 않으셨다. 그분이 "우리의 형상을 따라 우리의 모양대로 사람을 만들자"라고 말씀하신 것은 인간을 만드실 때였다! 인간이 그분께 무한히 소중한 것은 그분의 형상을 따라 지음 받았기 때문이다.

놀위치의 줄리안(Julian of Norwich, 1342~1416. 하나님과의 신비적 연합을 추구한 영국의 성도)은 "지극히 높으신 분이 우리의 영혼에 부어주시는 사랑은 어느 피조물도 능히 헤아릴 수 없다"라고 말했다. 사실, 우리를 향한 창조주의 사랑이 얼마나 크고 아름답고 다정한 것인지를 헤아릴 수 있는 사람은 없다.

그러므로 우리의 영혼은 전능하신 하나님께서 그분의 선하심 가운데 인간에 대해 품고 계신 이 측량할 수 없는 지극히 높은 사랑의 영원한 기적에 깊이 감동하지 않을 수 없다. 그분이 우리를 그토록 사랑하시고 그리스도를 육체로 이 땅에 보내신 것은 우리를 그분의 형상대로 지으셨기 때문이다. 그리스도께서 인간의 형상으로 지음 받으신 것은 인간이 하나님의 형상으로 지음 받았기 때문이다.

속량이 천사들과 귀신들에게는 불가능하지만 인간에게는 가능한 것은 인간이 하나님의 형상으로 창조되었기 때문이다. 고통, 실망, 슬픔, 상심, 고뇌, 상실과 같은 것들이 인간에게 생길 수 있지만, 그래도 나는 인류의 한 사람으로 태어난 것이 기쁘다. 천사로 태어나거나 창조되지 않고 아담의 후손으로, 인류의 일원으로 태어난 것이 기쁘다.

하나님을 향해 가라

하나님이 우리를 어디로 부르시는지 생각해보라. 이것은 중요한 문제이다. 우리를 부르는 것이 그분의 음성, 지극히 뛰어난 아름다운 지혜의 음성, 주 예수 그리스도의 음성, 성령의 음성이기 때문이다. 하나님은 우리를 그분에게로 부르신다! 잠언 2장 5절에서 그분은 "여호와 경외하기를 깨달으라"라고 부르신다. 즉, 경외심으로 충만하여 그분을 경배할 수 있는 자리에 이르라고 부르신다. 이것이 그분이 우리를 불러 이끌고 가시려는 곳이다.

여호와 경외, 즉 '여호와를 두려워한다는 것'은 아름다운 표현이다. 나는 이 표현에 대해 굳이 설명할 필요가 없다고 생각하지만, 어떤 이들은 "왜 하나님께서는 우리로 하여금 그분을 두려워하게 만드시는가?"라는 의문을 품어왔다. 그 이유를 말하자면, 그것은 그분의 본질 때문이다! 하지만 그분을 경외할 때 느끼는 두려움은 죄인들이 죽음과 심판과 지옥에 대해 느끼는 등골이 오싹한, 마음을 갉아먹는 두려움이 아니다. 그 두려움은 그분을 공경하는 마음과 그분을 아는 지식과 존경심과 경배가 있는 두려움이다. 예수님은 "영생은 곧 유일하신 참 하나님과 그가 보내신 자 예수 그리스도를 아는 것이니이다"(요

17:3)라고 기도하셨다.

　이 영원한 지혜는 우리에게 무엇으로부터 돌이키라고 말씀하는가? 이 질문을 던질 수밖에 없는 이유는 '무엇으로 향하라고 부른다는 것'은 '그것과 반대되는 어떤 것으로부터 돌이키라고 부른다는 것'을 의미하기 때문이다. 당연한 이야기지만, 당신이 어딘가를 향해 걸어간다면 그 반대 방향으로부터는 멀어져가는 것이다. 남쪽을 향해 간다면 북쪽에 등을 돌린 것이다. 천국을 향해 간다면 지옥에 등을 돌린 것이다. 하나님을 향해 간다면 마귀에게 등을 돌린 것이다. 당신이 의를 향해 나아가고 있다면 죄에게 등을 돌렸다는 것은 분명한 사실이다.

　영원한 지혜가 하나님을 아는 지식과 여호와 경외로 우리를 부르고 있다면, 우리에게 무엇으로부터 멀어지라고 말하는 것인가? 잠언 2장 12절에서 16절에 의하면, 지혜는 악한 자의 길과 음녀에게서 돌이키라고 부른다.

　그렇다면 악한 자의 길은 무엇인가? 성경은 비유적 표현을 많이 사용하는데, '길'이라는 말도 그중 하나이다. 여기서 '길'은 고속도로, 길, 도로, 다른 곳들로 가는 오솔길 등을 의미한다. 악한 자의 길은 악인이 따라가는 길이다. 그는 그 길이 이끄는 방향에서 벗어나지 않는다.

　이 말은 그가 지도상의 어떤 길을 따라간다는 뜻이 아니다. 인생에는 지도상의 길만 있는 것이 아니라, 도덕적 의미를 갖는

길, 행위의 길, 빛의 길과 같은 것들도 있다. 그런데 악한 자는 의의 길을 떠나 어둠의 길을 걸으며 행악을 기뻐한다. 그의 길은 구부러져 있고, 그의 행로(行路)는 비뚤어져 있다.

그렇다! 이것이 하나님이 보시는 악인이다. 그분이 보시기에 악인은 의의 길을 떠나 어둠의 길을 걸으며 행악을 기뻐하는데, 그의 길은 구부러져 있고 그의 행로는 비뚤어져 있다.

하나님은 곧은길과 구부러진 길을 비유로 삼아 말씀하기를 좋아하신다. 구약의 에스겔서 1장은 "생물들도 … 일제히 앞으로 곧게 행하며"(겔 1:12)라고 말한다. 그 이상한 생물들은 옆으로 기울이거나 빙빙 돌거나 방향을 바꾸거나 곤두박질하지 않고 일제히 앞으로 곧게 행했다.

예수 그리스도는 추호의 흔들림 없이 그분의 목표를 향해 곧은길을 가셨다. 그분의 교훈에 의하면, 천국을 향해 가는 사람은 좌우로 치우치지 않고 곧게 나아가지만, 지옥에 이르는 길은 넓고 구부러져 있다. 악한 자는 곧은길을 떠나 구부러진 길로 가며 어둠의 길을 걷는다.

거부하기 어려운 모방욕구

이런 사람은 어떻게 사람들에게 영향력을 행사하는가? 그들의 본보기가 됨으로 그렇게 한다! 성령께서 여기서 지적하시는 이 사람, 지혜가 책망하는 이 사람은 가죽 재킷을 입고 스위치

블레이드(switchblade: 버튼을 누르면 날이 튀어나오는 칼)를 가지고 다니는 못된 사람이 아니다. 이 사람을 그런 인간으로 오해하지 말라. 그는 그런 사람이 아니다. 그는 영웅이고, 어떤 면들에서는 매우 고상한 부분도 있다. 인간의 관점에서는 선하게 보이는 것들이 많이 있다. 만일 그가 엉망으로 산다면 사람들이 그를 모범으로 삼아 따르는 일은 일어나지 않을 것이다.

우리가 모범으로 삼아 따르는 사람이 유혹하고 설득하고 옳은 것을 뒤집어엎고 곁길로 이끌어가는 능력을 발휘할 수 있는 이유는 그가 우리의 눈에 매력적으로 보이기 때문이다. 쓰레기 더미의 냄새가 나는 길거리 부랑자를 모범으로 삼아 따르는 사람은 없다. 죗값을 치르기 위해 교수형에 처해질 사람을 의도적으로 따르는 사람은 아무도 없다. 부드럽고 상냥하고 매력적인 냄새를 어느 정도라도 풍기는 사람이라야 다른 사람들을 움직여 곁길로 끌고 들어갈 수 있다. 그가 그렇게 할 수 있는 것은 그가 보여주는 모범의 힘 때문이다.

그렇다면 모범은 어떻게 우리를 사로잡는 힘을 가지게 되었을까? 이것이 우리를 움직일 수 있는 것은 고칠 수 없는 우리의 모방욕구 때문이다. 지옥에 있는 수백만의 사람은 모방욕구를 억누를 수 없었기 때문에 거기에 있는 것이다. 지옥에 가기를 원하지 않았지만, 모방욕구를 이기지 못했기 때문에 거기에 있다.

담배를 피우는 사람들 중 일부는 흡연을 좋아해서가 아니라 모방충동을 참을 수 없었기 때문에 담배를 피운다. 술을 마시는 사람들 중에는 술로 인해 건강이 아주 나빠진 사람들도 있는데, 그들 중 일부는 술을 좋아해서가 아니라 모방욕구를 억누르지 못했기 때문에 술을 마신다. 어떤 이들이 상스러운 욕설을 내뱉는 것은 그들의 귀에 들리는 것을 그대로 따라 하기 때문이다.

머리를 곱게 빗고 큰 차를 모는 사람들 중에도 의의 길을 떠나 어둠의 길을 걷는 악인이 있을 수 있다. 사람들은 그를 보고 "저 사람은 정상에 오른 사람이다!"라고 감탄한다. 그러면서 그가 욕을 하면 따라서 욕을 하고, 그가 술을 마시면 따라서 술을 마시고, 그가 거짓말을 하면 따라서 거짓말을 한다. 그가 떠들며 소란을 피우면 그것도 따라 하고, 그가 반항하면 그렇게 하고, 도둑질하면 그것도 따라 한다. 이렇게 모방욕구를 못 참아서 삐뚤어진 길로 가는 자들이 있다. 수많은 사람이 다른 사람을 따라가다가 결국 지옥에 이르게 되는데, 그것은 모방본능의 이끄는 힘에 저항하지 못했기 때문이다. 그들은 감탄하며 흠모하는 것에 그대로 이끌려 간 사람들이다.

그러므로 올바른 것과 올바른 사람, 즉 올바른 종류의 사람에게 감탄하고 마음을 주는 것은 매우 중요하다. 모든 사람은 그가 흠모하는 것을 닮으려고 애쓰는 경향이 있다.

올바른 모범을 발견하라

수 년 전에 학교들에서는 맥거피 리더즈(McGuffey Readers: 미국 학교에서 19세기 중엽부터 20세기 중엽까지 널리 사용되었던 읽기 교재)를 사용했다. 이 교재는 선을 미화했고, 선한 사람들을 영웅시했다. 맥거피 리더즈를 읽으면서 성장한 한두 세대는 건전하고 강하고 확신에 찬 미국인이 되었다. 맥거피 리더즈에서는 고상한 사람들이 영웅으로 소개되었기 때문이다. 그들은 현대소설에 등장하는 생기 없는 영웅이 아니라 역사 속에서 살았던 실제 인물들이었다(현대소설의 영웅이 실제로 존재한다고 믿는 사람은 없다). 그들은 한 세대 또는 그 이상의 세대 사람들의 눈을 의(義)로 향하게 했고, 올바른 모범을 우리에게 보여주었다.

차라리 올바른 모범을 발견하라. 본받을 만한 가치가 있는 인물을 닮기 위해 노력하는 편을 택하는 것이 차라리 더 좋다. 모방본능을 피하기가 어렵기 때문이다. 만일 우리가 어떤 사람에게 감탄한다면 그를 닮으려고 노력하게 될 것이다.

그렇기 때문에 나는 그리스도인이 기독교 전기를 읽어야 한다고 생각한다. 우리는 기독교 역사와 교회 역사를 알아야 한다. 최고로 훌륭한 사람들을 알아야 하고, 그들에게 착 달라붙어야 한다. 모방은 인간의 본능이다. 악한 사람이 여러 세대의 젊은이들에게 엄청난 영향을 끼치는 것은 그들이 그의 성공에 매료되어 그에게 감탄하며 그를 모방하고 결국은 머지않아

그처럼 되기 때문이다.

    그러나 성령께서는, 이 아름다운 소피아는, 이 태고의 의인의 지혜는 "네가 귀를 기울여 듣고 의와 심판과 공평과 모든 선한 길을 깨달아 알겠다고 마음먹으면, 지혜가 네 마음에 들어가고 지식이 네 영혼 안에 생길 것이다"라고 말씀하신다. 그렇다! 지혜와 지식을 얻은 자는 명철을 보존할 것이며, 정직한 길을 떠나 어둠의 길을 걷는 악인의 길을 따르지 않을 것이다.

  영광의 아버지, 빛의 순수한 아버지시여,
  당신의 천사들이 모두 눈을 가리고
  당신을 숭모합니다.
  그러나 주님,
  당신의 모든 풍성한 은혜 중에서
  이 한 가지 은혜를 허락해주시길 구하오니,
  우리의 얼굴에서 베일을 걷어주시고,
  우리 마음의 추악한 것을 제하여 주소서.

  _ 월터 C. 스미스 (Walter C. Smith)
   〈오직 하나님만이〉

21 CHAPTER

지혜가 이끄는
선한 길을 따르라

오, 영원한 지혜시여! 제 삶의 모든 부분에서 당신을 신뢰합니다. 성령의 능력에 힘입어 세상에서 돌이켜 남은 모든 날 동안 당신을 따르겠습니다. 성령의 능력이 아닌 그 어떤 힘에도 영향 받지 않을 것입니다.

앞 장(章)에서 나는 악한 사람에게 초점을 맞추어 말했다. 이 장에서는 음녀에 대해 말하려고 한다. 이 음녀는 누구인가?

지혜가 또 너를 음녀에게서, 말로 호리는 이방 계집에게서 구원하리니

잠 2:16

여기서 음녀는 온전히 뛰어난 아름다운 지혜와 정반대되는 존재로 우리 앞에 극적으로 제시된다. 지혜를 아름다운 여인으로 제시하는 것은 고대 유대인들 중에서, 특히 영성이 뛰어난 사람들 중에서 흔히 있는 일이었다. 아름다운 여인은 악에서 떠나 빛과 의와 깨끗함의 길로 돌아오라고 부르는 여인이다. 그러나 아름다운 소피아와 대조되는 음녀에게는 단정함, 온유, 깨끗함, 충성, 부드러움, 성실 같은 도덕적 아름다움이 없었다. 이에 대한 좋은 예는 이스라엘 역사 속에 있었던 이세벨이라는 여자다.

이세벨은 유대인이 아니었고, 페니키아 공주로 두로 왕 엣바알의 딸이었다. 열왕기상 16장 31절에 의하면 그녀는 시돈 사람이었는데, 시돈은 페니키아를 가리킨다. 그녀는 유대 왕 아합과 결혼했으며, 아름다운 소피아와 정반대되는 여자였다.

잠언에 나오는 아름다운 여인은 제멋대로 사는 모든 미련한 사람들의 아들들에게 길목에서 "의와 하나님께로 돌아오라!"라고 소리 지르는 미인이었다. 이 여인은 죄인들에게 어둠에서 떠나라고 소리치는 지혜를 상징한다. 이 아름다운 여인과 뚜렷이 대조되는 여인이 음녀이다.

음녀를 주의하라

음녀는 이 아름다운 여인과 다르고, 아브라함의 아내 사라와 다르고, 한나와 다르고, 가정을 사랑하는 정직하고 곧고 친절하고 선한 여자들과 다르다. 음녀에게는 이런 여인의 모든 정직함, 모든 깨끗함, 모든 단정함, 모든 정결함, 모든 분별력과 건전함, 모든 날카로운 통찰력, 모든 겸손과 같은 것이 전혀 없다. 이세벨이 그랬다.

이세벨은 히브리인의 땅에서 왕비가 되었지만 그 땅을 거의 망쳐놓았다. 그 땅의 젊은 여자들이 이세벨처럼 되려고 애썼기 때문이다. 그들은 그녀가 성공의 상징이었기 때문에 그녀에게 감탄했다. 그녀는 '성공'이라는 여신을 그 신전에서 경배했고, 그들도 마찬가지였다. 그녀는 음녀였다.

잠언은 악한 자의 특징에 대해 말하듯이 음녀의 특징에 대해서도 말한다. 음녀는 말로 호리고, 젊은 시절의 짝을 버렸으며, 하나님의 언약을 잊어버렸고, 다른 이들을 곁길로 이끌었다. 그런 음녀의 집은 사망으로 기울어졌다. 한마디로 말해서 도덕적 미련함의 화신이다.

이 음녀 같은 사람들이 오늘날에도 이 땅 이곳저곳을 활개 치며 다닌다. 그들의 사진이 도처에 걸려 있고, 그들은 일 년에 수십만 달러씩 벌어들인다. 매스컴의 주목, 인기 그리고 TV와 영화흥행에 있어서 '미국인의 성공'을 상징한다. 이 음녀는 말을 아주 매끄럽게 하는 법을 알고 있으며, 결코 얼굴을 붉히는 법이 없다. 얼굴을 붉히는 것 따위는 이미 오래 전에 잊어버렸다. 당신은 그녀가 어수룩하게 말하는 것을 결코 보지 못할 것이다. 그녀는 세련되고 영리하다.

어릴 적에 다녔던 주일학교가 혹시라도 기억나면, 아득히 먼 과거의 일로 치부하면서 아무 관심도 보이지 않을 것이다. 어릴 적에 배웠던 교훈을 헌신짝 차버리듯 차버릴 것이다. 교회의 제단에서 눈물을 흘렸던 일이 기억난다 할지라도 그 사실을 인정하지 않으려 할 것이다. 그녀는 하나님의 언약을 잊어버렸기 때문이다. 온전히 뛰어난 지혜의 화신과 정반대되는 그녀는 도덕적 미련함의 화신이다.

암시로 주어지는 악한 영향력

그렇다면 이 여자는 사람들에게 어떻게 영향을 끼칠까? 악한 남자는 모범을 보임으로 영향을 끼쳤지만, 악한 여자는 은근한 암시로 영향을 끼친다. 은근한 암시가 사람들에게 왜 그토록 힘을 발휘할까? 주관이 확고한 사람이 별로 많지 않기 때문이다.

광고가 그토록 힘을 발휘하는 이유도 바로 이 때문이다. 자기가 원하는 것이 무엇인지에 대해 주관이 확고한 사람은 광고를 접해도 자신의 생각을 바꾸지 않는다. 우리가 늘 마음의 문을 활짝 열고 있기 때문에 광고가 그토록 맹위를 떨치는 것이다. 광고는 은근한 암시를 통해 우리의 마음에 파고들고, 우리는 그것에 따라 움직인다. 미국의 주부들은 세뇌를 당하는데, 이 세뇌는 오전 9시에(어쩌면, 그보다 더 이른 시간부터) 시작해서 밤중에 눈꺼풀이 떨다가 결국 닫혀버릴 때까지 계속된다. 암시는 그토록 무서운 것이다. 대부분의 사람은 마음에 정함 없이 살아가며, 어느 방향으로 가야 할지를 모른다.

아주 많은 젊은이가 특정 대학들에 진학하는 이유는 그 대학들에 가라는 하나님의 부름을 받았기 때문이거나 어떤 합리적 근거가 있기 때문이 아니라, 그들의 지인이 그 대학들에 진학했기 때문이다. 여기에서도 우리는 암시의 힘을 보게 된다.

사람들은 특정한 자동차가 최고라고 확신하기 때문이 아니라 그들의 지인이 "오, 그 차를 사는 것이 좋습니다. 정말 대단한 차입니다!"라고 말했기 때문에 그것을 구입한다. 사람들이 어떤 곳에서 사는 것은 그곳을 잘 알아서가 아니라, 누군가 그곳으로 이사 가는 것을 보고 거부할 수 없는 암시를 받았기 때문이다. 이런 식으로 살아가는 사람들은 빚더미에 앉을 수밖에 없다. 솔깃한 말을 들려주는 자들의 암시에 쉽게 넘어가기 때문이다.

나이를 먹어갈수록 나는 주관이 확고한 사람들을 더욱 더 존경하게 된다. 그들은 적어도 자기들이 어디로 가고 있는지를 안다. 누군가 찾아와 그들을 설득하려고 할 때 그들은 친절하고 점잖은 태도를 보이지만 생각을 바꾸지는 않는다. 그들은 자기가 어디로 가야 할지를 분명히 알고 있다. 그리스도를 발견하고 진리를 알게 된 하나님의 사람은 자기가 가야 할 곳을 알고 있다.

음녀는 그들의 마음을 움직일 수 없으므로 얼른 물건을 챙겨서 트럭에 싣고 다른 동네로 가버리는 것이 좋을 것이다. 어떤 이들은 아첨의 말이 통하지 않으므로 아첨하지 말고 그냥 내버려두는 것이 더 좋다. 사실, 이런 사람들이 아주 많은 것은 아니다. 대부분의 사람들은 마음을 정하지 못한 채 경계선을 밟으며 가다가 누군가의 암시에 넘어가고 만다.

죄의 책임전가가 가져온 결과

옷을 사기 위해 쇼핑을 나갔지만 어떤 것을 사야 할지 결정하는 것이 아주 힘들었던 경험이 있는가? 그런 당신을 보다 못한 당신의 배우자가 "이것을 사는 것이 좋겠는데…"라고 말했을 때에야 무거운 짐이 당신의 어깨에서 굴러 떨어졌을지도 모르겠다. 결정할 수 없는 당신을 위해 누군가 결정을 대신해주었을 때 당신의 마음이 기뻤을 것이다.

이런 인간의 심리 때문에 광고가 그토록 영향력 있는 것이고, 음녀의 암시가 그토록 힘 있는 것이다. 광고와 음녀의 암시가 당신을 위해 결정해주기에 당신은 선택의 부담에서 벗어나게 된다. 그러나 나는 내 작은 마음을 그 누군가에게 넘겨주기를 거부한다.

하와는 선악을 알게 하는 나무의 열매를 먹었고, 그녀의 눈이 밝아졌다. 그녀는 그 열매를 남편에게 주었고, 그도 그것을 먹었다. 그들에게 실망하신 하나님은 그 문제에 대해 그들에게 말씀하기 위해 그들을 찾으셨지만, 그들은 동산에서 거니시는 그분의 소리를 듣고 동산 나무 사이에 숨었다. 그러나 그들을 찾아내신 그분은 아담에게 "누가 네게 가르쳐 주었느냐? 누가 너를 설득했느냐?"라고 물으셨고, 그는 "이 여자입니다"라고 말씀드렸다. 물론 그의 말 자체는 틀린 것이 아니었다. 다만 그는 충분한 용기가 없는 사람이었다. 인류 최초의 공처가였고, 인류 최초로 유약하고 스펀지 같은 남자였으며, 미소 짓는 예쁜 아내의 비위를 맞추느라고 하나님을 섬길 수 없었던 남편이었다.

하나님은 아담의 대답을 들으신 후 하와에게 "누가 네게 말을 걸어 너를 설득하였느냐?"라고 물으셨고, 그녀는 "저 뱀이 그랬습니다"라고 말씀드렸다. 아담은 즉시 책임을 두 어깨에서 벗어 아내에게 전가했고, 하와는 다시 그 책임을 벗어 마귀에게 씌웠다. 그들은 책임을 떠넘긴 것이었고, 결국 마귀에게 이르렀을 때는 더 이상의 책임전가가 불가능했기 때문에 하나님은 뱀에게 저주를 내리셨다. 이 사건은 암시의 힘이 얼마나 무서운 것인지를 잘 보여준다.

네 귀를 기울이라

자진해서 세상으로 넘어간 젊은이들, 스스로 음녀를 찾아간 젊은이들, 선하고 건전하고 믿음직하고 겸손하고 깨끗하고 고결한 것과는 완전히 반대되는 모든 것의 화신에게 열광하는 젊은이들, 이런 젊은이들을 교회로 끌어들이려고 애쓰는 것이 오늘날 기독교의 모습이다. 우리는 이런 젊은 세대를 길러내고 있으며, 그들은 기독교를 세상과 조화시키려고 노력한다.

이 나라에서 지금 우리가 길러내고 있는 세대는 악한 사람과 음녀에게 귀를 기울이면서도 그리스도를 영접했다고 말한다. 이런 일이 벌어지는 이유는 그들이 무슨 짓을 하고 있는지를 모르는 사람들이 그들에게 압력을 가하거나 그럴듯한 말로 설득해서 그렇게 하도록 만들었기 때문이다.

성령께서는 "네 귀를 기울이라"(잠 4:20; 2:2)라고 말씀하시는데, 이 말씀 속에는 '몸을 굽혀 들어라' 또는 '온 뜻을 담아 선한 길을 선택하라'라는 의미가 들어 있다.

사람들이 이 성령의 말씀대로 행한다면 그것이야말로 아름다운 일이다! 그러나 이 잠언의 말씀을 읽을 생각이 눈곱만큼도 없는 세대, 아무런 근심걱정이 없는 세대, 훈계의 말씀에 관심 없는 세대, 지혜의 말씀은 구식 사람들을 위한 것이라고 치부해버리는 세대, 이런 세대를 우리가 만들어내고 있다는 것은 정말로 끔찍한 일이다.

한 세대 동안 그리스도인들뿐만 아니라 네덜란드인과 스코틀랜드인과 초기 미국인들을 견고하게 해주었던 아름다운 말씀이 지금은 관심 밖으로 밀려나 잊혀지고, 심지어 율법주의로 오해받으며, 많은 사람으로부터 "이것은 우리와 상관없다"라는 소리를 듣는 것은 정말 무서운 일이다. 우리는 너무나, 너무나 어리석다!

신약의 다른 기자들처럼 예수 그리스도께서도 잠언을 인용하셨다. 내가 볼 때, 잠언을 인용하는 것은 아름답다. 지혜는 밖에서 소리치며, 그 소리를 낸다. 그리고 그 음성을 듣는 이들이 있다. 당신에게도 들리는가?

어떤 이들은 여전히 하나님의 음성을 듣는다. 나는 그런 사람들 때문에 기쁘다. 그들은 세상에서 가장 소중하고 훌륭한 사람들이다. 하나님이 말씀하실 때 그들은 귀를 쫑긋 세우며 중얼거린다.

"그래. 신호가 오고 있어. 영원한 지혜의 음성이 '음녀가 아무리 아름다워 보여도 그녀에게서 떠나라. 어서! 악한 자가 아무리 부유할지라도 그를 멀리하라. 그리고 나를 따르라'라고 말씀하신다."

이 세대는 양자택일에 직면할 것이다. 하나는 하나님의 길이고, 다른 하나는 세상의 길이다. 하나는 의의 길이고, 또 하나는 죄의 길이다. 하나는 좋은 모범을 보여주는 길이고, 나머지 하나는 나쁜 본보기를 보여주는 길이다.

> 그분이 장막을 펴듯 하늘을 넓게 펴셨을 때,
> 넘쳐나는 대양의 물결을 감싸셨을 때,
> 그분이 저울과 자를 사용해
> 그 일을 행하셨을 때
> 나는 그분과 함께 있었도다.
> 나는 아버지의 기쁨이었고,
> 사람의 아들들이 내 것이었도다.
>
> _ 윌리엄 카우퍼 (William Cowper)
> 〈하나님께서 산을 만드시기 전에〉

22 CHAPTER

지혜의 옳음을
증거하는 사람들

—

거룩하신 아버지, 당신을 찬양하는 것은 제 영혼에 부어주신 지혜 때문입니다. 그 지혜로 인하여 제가 주 예수 그리스도를 제 구주로 믿을 수 있습니다.

인간의 지혜와 하나님의 지혜는 근본적으로 대립된다. 고린도는 헬라 철학자들이 아주 많았던 도시로, 지금으로 말하면 보스턴 같은 곳이라고 할 수 있다. 거기에 강하고 활력 넘치는 훌륭한 교회가 있었는데, 바울은 그 교회에 가서 말씀을 전했다. 또한 그는 고린도 교회에 적어도 두 번의 편지를 써보냈다.

형제들아 내가 너희에게 나아가 하나님의 증거를 전할 때에 말과 지혜의 아름다운 것으로 아니하였나니 내가 너희 중에서 예수 그리스도와 그가 십자가에 못 박히신 것 외에는 아무것도 알지 아니하기로 작정하였음이라 내가 너희 가운데 거할 때에 약하고 두려워하고 심히 떨었노라 내 말과 내 전도함이 설득력 있는 지혜의 말로 하지 아니하고 다만 성령의 나타나심과 능력으로 하여 너희 믿음이 사람의 지혜에 있지 아니하고 다만 하나님의 능력에 있게 하려 하였노라 고전 2:1-5

그리고 이어서 이렇게 말했다.

오직 은밀한 가운데 있는 하나님의 지혜를 말하는 것으로서 곧 감추어졌던 것인데 하나님이 우리의 영광을 위하여 만세 전에 미리 정하신 것이라 이 지혜는 이 세대의 통치자들이 한 사람도 알지 못하였나니 만일 알았더라면 영광의 주를 십자가에 못 박지 아니하였으리라 고전 2:7,8

이것이 바울의 사상이었다. 그는 자기를 변호하려고 하지 않았고, 자기변호를 위해 합리화를 시도하지도 않았다. 그는 헬라인들의 지혜를 알았던 사람이다. 그는 마음만 먹으면 시인들뿐만 아니라 철학자들도 얼마든지 인용할 수 있었다. 그는 역사상 탁월한 지적 능력의 소유자 중 한 사람이었을 뿐만 아니라 심오한 학문의 경지에 오른 사람이었다. 그럼에도 불구하고 그는 인간의 지혜와 하나님의 지혜가 서로 대립한다고 말한다.

하나님의 지혜 vs. 인간의 지혜

하나님의 지혜는 거룩한 것이며, 그분의 거룩한 존재의 한 가지 속성이다. 그 지혜로부터 온 우주가 나왔고, 속량의 모든 계획이 나왔다. 속량의 계획은 주 예수 그리스도의 성육신을 통해 성취되어야 했으며, 그분은 '육체로 오신 지혜'로서 이 땅에서 행하셨다.

세상에서 지혜롭다 하는 자들은 영원한 지혜의 바다에 손을 살짝 담가 지혜를 퍼올려 조금 맛을 보았지만, 지혜를 오해해서 잘못 적용하고 자기의 것으로 착각했기 때문에 결국 미련한 자가 되었고, 그들의 미련한 마음이 어두워졌다. 세상의 지혜는 거룩하지 못한 것이기 때문에 미련한 것이며, 결국은 치명적인 덫과 망상일 뿐이다.

아마도 이런 내 말이 한물간 구닥다리 이야기로 들릴 것이다. 내 말이 쉽게 무시되어버린다는 것을 나는 잘 안다. 우리는 사람들에게 특정 이름을 붙여서 무시해버리는 습관이 있다. 어떤 이가 나타나 그의 입장을 밝히면 우리는 그를 '신정통주의자'라고 이름 붙인다. 또 어떤 이가 나타나 그의 견해를 말하면 그에게 '칼빈주의자'라는 이름을 붙여준다. 또 어떤 이가 그의 입장을 말하면, "저 사람은 아르메니아 교회의 신자이다"라고 말한다. 이런 식으로 이 사람에게는 '전천년주의자', 저 사람에게는 '후천년주의자'라는 딱지를 붙이기도 한다. 그러므로 세상의 박식한 사람들, 특히 박식한 복음주의자들이 아주 쉽게 내게 딱지를 붙일 수 있다는 것을 잘 알고 있다.

위대한 사도는 두 가지 지혜가 서로 대립한다고 말했다. 하나는 신비에 싸여있는 하나님의 거룩한 지혜이고, 다른 하나는 인간이 가진 손바닥만 한 지혜이다. 전자는 깊이를 알 수 없는 끝없는 대양이고, 후자는 육지에 둘러싸인 작은 석호(潟湖)이다. 이 작은 석호는 선하지 않고 악하기 때문에 작은 물고기들과 끈적끈적한 녹색 물질로 가득 차 있다.

예수님은 시장에서 놀고 있는 아이들을 보셨고, 자기모순에 빠진 이 참을 수 없는 바리새인과 율법교사들을 그 아이들에 비유하셨다. 바리새인과 율법교사들은 세례 요한의 세례를 받지 않음으로 하나님의 뜻을 저버린 자들이었다(눅 7:30). 예수님은 그들에 대해 "이 세대를 무엇으로 비유할까 비유하건대 아이들이 장터에 앉아 제 동무를 불러"(마 11:16)라고 말씀하셨다.

예수님이 이 땅에 와서 먹고 마시는 것을 보고 사람들은 그분이 "먹기를 탐하고 포도주를 즐기는 사람"(마 11:19)이라고 비난했다. 반면, 세례 요한이 이 땅에 와서 먹지도 않고 마시지도 않으면서 어느 정도 금욕적인 모습을 보이자 사람들은 "귀신이 들렸다"(마 11:18)라고 비난했다. 예수님은 그렇게 비난하는 사람들을 어린아이에 비유하셨다. 어린아이들이 피리로 즐거운 곡을 불며 "자, 모두 춤춰라!"라고 말하다가 조금 후에는 장례식에서 들었던 애가(哀歌)를 부르며 "자, 가슴을 쳐라!"라고 말하는 변덕스런 모습을 보이기 때문이다.

바리새인과 율법교사들을 시장에서 놀고 있는 아이들에게 비유하신 예수님의 말씀에는 다음과 같은 뜻이 들어 있다.

"피리를 불 이유가 있는 것도 아니고 곡(哭)을 할 이유가 있는 것도 아니다. 장터에서 아이들이 피리를 불든 곡을 하든 어른들 즉 진지한 어른들은 발걸음을 멈추고 그들에게 귀를 기울이지 않는다. 피리를 불든 곡을 하든 아이들은 괜찮다. 어차피 아이들이기 때문이다.

하지만 너희, 즉 성인(成人), 바리새인, 신앙이 돈독한 체하는 자, 성직자, 마땅히 지혜로워야 할 자들이 '종교 놀이'를 하는 것은 큰 잘못이다. 너희는 '내가 피리로 즐거운 곡을 부니까 모두 즐거워하라!'라고 말했다가 또 '내가 낮은 음조로 소리 내고 단조로 노래하니 이제 모두 슬퍼하라!'라고 말한다. 그러나 굳이 춤을 출 이유도 없고 굳이 슬퍼할 할 이유도 없다.

너희는 어린아이처럼 비논리적이고 기분 내키는 대로 자주 변한다. 어린아이들은 본래 자주 변한다. 3월의 날씨처럼 말이다. 피리를 불든 곡을 하든 그때그때의 기분에 따라 그렇게 할 뿐이지, 거기에는 어떤 근거가 없다."

지성에 대한 두려움을 극복하라

그리스도인들이 극복해야 할 큰 잘못 중 하나는 교육에 대한 근본주의자들의 두려움이며, 지성(知性)에 대한 두려움이다. 나를 압도하여 두려움으로 몰아넣을 만큼 큰 지성은 어디에도 없다. 어떤 이들의 지성이 내 지성보다 훨씬 더 크지만, 그렇다고 해서 그들의 지성이 내게 두려움의 그림자를 드리울 자격이 있는 것은 아니다.

인간이 아무리 많이 안다고 해도, 성경이나 예수 그리스도의 권위를 무너뜨릴 수 있을 만큼 많이 알 수는 없다. 예수 그리스도가 하나님이 아니시며, 죽은 자들로부터 부활하시지 않았고, 하나님의 우편에 앉아 계시지 않고, 영광 가운데 다시 오시지 않을 것이라고 증명할 수 있을 만큼 많이 아는 자는 없다. 어차피 모든 인간의 앎은 부족하고 불완전하다.

어떤 사랑스런 노(老) 형제가 이런 고백을 했다.

"때때로 나는 의심하는 마음이 듭니다. 기독교 신앙에 대해 의심이 찾아오고 내 믿음의 기초에 대해 염려가 생기면 성경의 바다 속으로 깊이 뛰어들어 찾고 또 찾습니다. 결국 수면 위로 올라올 때에는 언제나 '너희 주님의 성도들아! 그분의 뛰어난 말씀 안에 있는 너희 믿음의 기초가 얼마나 견고한지 보라!'라고 찬양하게 됩니다."

우리는 교육을 두려워해서는 안 되며, "맹한 것이 신령한 것이고 교육받는 것은 신령하지 못한 것이다"라는 그릇된 결론에 이르러서는 안 된다. 그렇게 생각하는 것은 완전히 잘못된 것이다. 뛰어난 지성과 깊은 학식을 갖춘 거룩한 사람들이 지금도 있다. 영성을 무지와, 불신앙을 학식과 동일시하지 말라. 항상 기억하라! 당신이 무지에게 찬사를 보내지 않는 한, 세상의 지혜에게 속아 넘어가지 않는다는 것을! 세상의 지혜는 타락한 불신앙의 사람들의 지혜이기 때문이다.

세상의 지혜는 아담의 줄기에서 나오며, 타락한 인류에게 속한 것이다. 인간이 가진 것들 중에서는 인간의 지혜가 인간의 사랑 다음으로 좋은 것이지만, 신뢰할 만한 것은 못 된다. 반면, 어떻게든 하나님의 지혜를 만나는 사람은 그분의 지혜를 따르게 된다.

인간의 지혜는 신뢰할 만하지 않다

우리 그리스도인들이 극복해야 할 두 번째로 큰 문제는 인간의 지혜를 믿는 것이다. 인간의 지혜를 믿는 믿음의 한 가지 예를 들자면, 과학자들을 믿는 것이다.

세상의사람들이 과학자들을 믿어주고 그들을 영웅시하는

것을 볼 때 나는 애처로워 거의 눈물이 날 지경이다. 물론, 과학이 많은 업적을 통해 우리 문화에 복을 가져다준 것에 대해서는 감사한다. 수 세기 동안 과학자들이 인류를 치명적 질병들에서 구하기 위해 밤낮으로 노력해온 것도 사실이다. 하지만 그런 질병들의 송곳니를 뽑아버린 과학자들이 인류를 지면에서 쓸어버릴 수 있는 도구를 사악한 자들의 손에 쥐어줬다는 것은 참으로 놀랍고 불길한 일이다. 그럼에도 그들은 내가 과학의 제단 앞에 무릎을 꿇고 향을 피우며 "오, 위대하다! 과학이여!"라고 찬양하기를 바란다. 정말 기가 막힐 노릇이다!

과학은 인간에게 속한 것이다. 물론 얼굴이 더러운 것보다 얼굴을 씻어 깨끗케 하는 것이 더 좋고, 습지에 집을 짓고 사는 것보다는 깨끗한 집에 사는 것이 더 낫고, 낙후된 아프리카에서 사는 것보다 과학이 발달한 곳에서 사는 것이 더 좋다. 하지만 과학이 인간의 부르짖음에 답을 줄 수 있다고 단 한 순간도 상상하지 말라. 인간의 마음속에는 부르짖음이 있다. 하나님을 찾는 부르짖음 말이다! 이는 과학이 결코 채워줄 수 없는 갈망이다.

과학을 신뢰하는 것이 큰 잘못이라면, 정치인을 믿는 것도 역시 마찬가지이다. 그리스도인은 마음을 굳게 먹고 과학자, 정치인, 철학자, 저술가, 연기자, 극작가, 스타 가수, 그리고 위대하게 보이는 모든 것들에 대한 신뢰를 과감히 버려야 한다. 그들은 우리가 원하는 것을 갖고 있지 않다.

물론 그들에게 말할 수 있는 기회가 주어진다면 우리는 우리가 원하는 것이 무엇인지를 그들에게 말해줄 것이고, 그들을 그리스도께 인도하기 위해 힘쓸 것이다. 우리는 그들을 대적하지 않고 그들을 사랑한다. 하지만 그들을 신뢰하지는 않는다. 그들은 우리가 원하는 것을 갖고 있지 않으며, 그들도 우리를 신뢰하지 않기 때문이다. 우리가 원하는 것을 얻을 수 있는 유일한 방법은 그리스도를 믿고 의지하는 것이다.

세상에서 가장 지혜로운 것

예수님은 "지혜는 자기의 모든 자녀로 인하여 옳다 함을 얻느니라"(눅 7:35)라고 말씀하셨다. 이 지혜, 즉 하나님과 예수님을 믿고 의지하는 것이 세상에서 가장 지혜로운 것이다. 그리스도인은 세상의 길을 거부하는데, 이것이 불화와 적의와 핍박을 불러일으킬 수 있다. 사무실에서 일하는 그리스도인은 "당신은 담배를 피우지 않는다. 술을 마시지 않는다. 음란한 농담을 듣고도 웃지 않는다. 퇴폐적인 사무실 파티에 참석하지도 않는다"와 같은 말을 들을 수도 있다.

물론 나는 건전한 직원 파티까지 싸잡아 비난하는 것은 아니다. 문제는 일부 직원들이 곤드레만드레 취하는 파티이다. 그런 파티에 그리스도인이 참석하지 않으면 불화와 알력과 핍

박이 생길 수 있다. 정직하지 못한 사람들, 법조문을 교묘히 이용하고 법망을 요리조리 빠져나가는 사람들, 그러면서도 감옥행을 면하고 많은 돈을 버는 약삭빠른 사람들, 이런 자들의 길을 거부하고 정직하고 깨끗하고 올바른 길을 가는 사업가들은 어려움을 자초할 수도 있다. 이런 것이 미친 짓인가? 인생의 편한 길을 마다하고 십자가를 지는 길을 가겠다는 확고한 선택이 미친 짓인가?

고대 세계에서 가장 발달한 문명과 가장 강한 군사력을 가진 나라는 로마 제국이었다(사실, 로마는 단일국가가 아니라 여러 나라가 합쳐진 일종의 연합국가였다). 그리고 세계에서 가장 강한 종교를 가진 나라는 이스라엘이었다. 이 두 나라가 합작해서 예수님을 죽음으로 몰고 갔고, 그분은 범죄자로 취급당하여 돌아가셨다.

그러나 거의 2천 년이 지난 지금에도 그분의 말씀을 따르며 그분 때문에 어려움과 박해를 자초하고 십자가를 지는 사람들이 있다! 그들은 십자가를 어깨에서 내려놓고 즐겁게 살 수 있음에도 불구하고 십자가를 지고 흔들림 없이 굳세게 걸어간다. 그들이 왜 그러는지 알고 싶은가? 바울의 고백에 그 답이 있다. 그는 "내가 믿는 자를 내가 알고"(딤후 1:12)라고 말했다. 나도 내가 믿는 분을 안다!

우리 그리스도인들은 이상한 무리이다. 보이는 것들보다 보이지 않는 것들에 더 치중한다. 우리의 눈에 보이지 않는 것들에 대해 사람들에게 끊임없이 말해준다. 우리는 다른 이들이 존재하지 않는다고 믿는 것들이 존재한다고 믿고 행동한다. 어떤 이들이 애지중지하는 것들을 과감히 포기한다. 버림받았음에도 불구하고 사랑의 마음으로 십자가에 달리신 분에 대해 노래한다. 삶이 두 어깨를 무겁게 짓누를 때면 언제나 "우리는 그분의 멍에가 쉽다는 것을 알았다"라고 말한다.

주님의 멍에는 쉽고 그분의 짐은 가볍다

나는 이렇게 간증하지 않을 수 없다. 이제까지 살면서 내가 겪은 모든 어려움은 내 하나님의 뜻을 저버렸기 때문에 생긴 것이었다. 내가 유감으로 여기는 모든 일은 바로 내 죄 때문에 일어났다. 하나님께 드리거나 그분의 사람들에게 베푼 것은 단 1분이라도 아깝지 않다. 내가 희생한 것에 대해서는 조금도 후회하지 않는다. 내 유일한 후회는, 그분의 멍에가 쉽고 그분의 짐이 가벼움에도 불구하고(마 11:30) 그분을 마땅히 사랑해야 할 만큼 사랑하지 못한 것이다.

우리는 하나님을 믿기 때문에 어려움을 자초하지만, 그것이 쉬운 멍에이고 가벼운 짐인 것을 그분께 감사한다. 지혜는 자기의 모든 자녀로 인하여 옳다 함을 얻는다. 하나님의 고동치는 창조적 지혜로 충만한 저 태고의 바다에서 흘러나오는 물결은 온 세상을 흐르며 사람들의 양심을 깨우고 "수고하고 무거운 짐 진 자들아 다 내게로 오라"(마 11:28)라고 속삭인다.

저 태고의 지혜가 옳다는 것은 그리스도께 마음을 드리고 그리스도인의 삶을 살아가는 사람들을 통해 증명된다. 자기들에게 무엇인가 있다고 믿고 예수님께 등을 돌렸던 이들은 인간의 마음과 생각 속의 은밀한 것들이 드러나는 무서운 심판 날에 후회하며 슬피 울겠지만, 그때는 이미 늦었다. 그러나 오직 쉬운 멍에와 가벼운 짐만을 견디면 되는 사람들은 그날에 기뻐 뛸 것이다! 그들은 그들의 아버지의 나라에서 해와 같이 빛날 것이다(마 13:43). 성도들이 그들의 본향으로 당당히 걸어 들어갈 때, 나도 그 무리 중 하나이기를 원한다.

   그들이 그분의 십자가의 승리에 대해,
   그분이 당하신 고난에 대해 말하도다.
   얼마나 낮은 곳까지 내려오셨고,
   얼마나 높은 곳까지 오르셨는가!
   높아지셨으므로 다시는 낮아지시지 않으리라.

_ 벤자민 베돔 (Benjamin Beddome)
〈지혜가 얼마나 위대한가!〉

23 CHAPTER

절대적이고 완전한
하나님의 지혜

―

지극히 인자하신 하늘의 아버지, 당신이 제게 당신을 드러내기를 기뻐하시니 저 또한 당신 알기를 갈망합니다. 당신의 영원한 지혜의 광대함을 통해 당신을 이해하게 하소서. 제 마음이 거룩하신 성령께서 깃들이시는 곳이 되게 하소서.

하나님의 무제한적 지혜, 즉 그분의 완전한 지혜를 믿는 것은 정신적, 도덕적 건강을 위해 필요한 것이다. 그분의 지혜가 조금 밖에 없다는 것은 있을 수 없는 일이다. 그분의 지혜가 완전한 분량에서 조금 모자란다는 것도 있을 수 없는 일이다. 그분의 지혜를 벗어나는 어떤 다른 지혜가 있을 수는 없다. 그분이 모든 지혜를 갖고 계시며, 그분의 지혜에 모자람이 없기 때문이다. 하나님의 이 지혜가 절대적이고 완전하고 무한하다고 믿는 것은 기독교 신앙, 정신적 안식, 그리고 도덕적 건전함을 위해 반드시 필요한 것이다.

하나님의 지혜의 특성

지금 내가 사용한 '절대적이고 완전하고 무한하다'라는 표현은 부주의하게 쓴 표현이 아니라는 것을 기억하라. 내가 사용하는 '절대적'이라는 말은 '무제한적'이라는 말과 같다. 본질적으로 하나님은 제한이 없는 분이시다. 그분은 피조물이 아니라 창조자이시다. 그분은 만유를 품고 계신다. 즉 만유가 그분 안에 있다.

우리가 '하나님의 지혜'라고 말할 때, 그 지혜는 그분의 무제한적 지혜를 의미한다. 우리가 '하나님의 지식'이라고 말할 때, 그 지식은 그분의 무제한적 지식을 의미한다. '그분의 무제한적 지식'이라는 말 속에는 "하나님은 알아야 할 것들을 모두 아시며, 그것들을 즉시 아시며, 그분이 아시는 것들에 더 첨가해야 할 다른 지식은 없다"라는 뜻이 들어 있다.

그분에게 무엇을 가르쳐 드리는 것은 불가능하고, 그분에게 어떤 정보를 드리는 것도 불가능하다. 그분은 모든 것을 아시며, 그분의 지식은 절대적이다. 그분의 지식뿐만 아니라 그분의 다른 모든 속성들도 절대적이다. 그분의 창조되지 않은 본질을 다이아몬드에 비유해서 말하자면, 그 다이아몬드의 지식의 면(面)이 절대적일 뿐만 아니라 다른 모든 면들도 절대적이다. 그분의 모든 것들은 절대적이다.

'하나님의 지혜가 완전하다'라는 말 속에는 "그분의 지혜는 개선의 여지가 없다. 그분의 지혜를 개선하는 것은 불가능하다"라는 뜻이 내포되어 있다. 다윗의 지혜는 개선할 수 있다. 현인, 성도, 신비가(神秘家) 그리고 예배자의 지혜는 개선할 수 있지만 그분의 지혜는 개선할 수 없다. 성경에 암시되어 있는 온갖 지혜로운 피조물이 함께 모여 회의를 연다 할지라도 그분의 지혜를 조금도 개선할 수 없다.

또한 나는 '무한한'이라는 말을 사용하고 싶다. 우리는 하나님의 지혜가 무한하다고 믿어야 한다. 잘 알듯이, '무한'이라는 말은 한계나 끝이 없다는 뜻이다. 그런데 우리의 머리로 무한을 생각하는 것은 '작은 그릇'에 '큰 것'을 담으려고 시도하는 것과 마찬가지이다. 무한에 대해 생각할 때 사용되는 신체 기관이 이미 한계와 끝을 가지고 있기 때문이다.

그분의 무한성을 완전히 이해할 수 있는 사람은 아무도 없다. 성경에는 '무한한'이라는 말이 나오고, 기독교 신학에도 이 말이 나온다. 하나님의 지혜는 무제한적이기 때문에 절대적이고, 개선의 여지가 없다는 의미에서 완전하고, 한계와 끝이 없으므로 무한하다. 이런 지혜를 가진 분은 오직 하나님이시다.

우리는 말을 부주의하게 사용하는 경향이 있다. 우리는 "그가 무한한 고통에 빠졌다"라고 말한다. 그러나 '무한한 고통'이라는 것은 없다. 우리는 "이 사람은 절대적으로 정직하다"라고 말하지만, '절대적 정직'이라는 것은 없다. 그가 그냥 정직한 것이지 절대적으로 정직한 것은 아니다. '무한한'이나 '절대적'과 같은 말은 오직 하나님께만 속한다. '절대적'이라는 말을 사용하고 싶으면 오직 그분에 대해서만 사용하라.

당신이 '무한한'이라는 말을 사용한다면 그것은 하나님을 의미할 수밖에 없다. '완전한'이라는 말을 사용해도 역시 마찬가지이다. 현실 속에서 종종 우리는 이런 단어들을 상대적 의미로 사용하곤 하는데, 사실 그것은 무제한적이고 무한한 의미를 가진 말을 아주 제한적이고 유한한 의미로 사용하는 것이다. 이것은 부적절한 언어 사용이다. 그런 의미에서 우리는 언어를 부주의하게 사용하고 있는 것이다. 오직 하나님께만 지혜가 있기 때문이다.

궁극적인 지혜는 하나님께만 있다

'홀로 지혜로우신 하나님'(롬 16:27. 이것이 개역개정판 한글성경에서는 '지혜로우신 하나님'으로 번역되어 있다-역자 주), 그리고 '우리 구주 홀로 지혜로우신 하나님'(유 1:25. 이것이 개역개정판 한글성경에서는 '우리 구주 홀로 하나이신 하나님'으로 번역되어 있다-역자 주)이라는 표현은 성경에 나온다는 것을 기억하라.

성령께서 "오직 하나님만이 지혜로우시다. 우리 구주 하나님만이 지혜로운 하나님이시다"라고 말씀하셨을 때, 성령께서는 우리의 언어 사용 방법과는 다르게 언어를 사용하신 것이다. 성령의 말씀이 기록된 성경은 성령의 감동으로 쓰였다. 그러므로 우리는 오직 하나님께만 궁극적 지혜가 있다고 결론 내리지 않을 수 없다.

그렇다! 궁극적 지혜는 오직 하나님께만 속한다. 그렇기 때문에 구약성경은 지혜로운 사람에게 그의 지혜를 의지하지 말라고 경고한다. 그렇기 때문에 예수님은 하나님께서 그분의 일을 지혜롭고 슬기 있는 자들에게는 숨기시고 어린아이들에게는 나타내셨다고 말씀하셨다(눅 10:21). 그렇기 때문에 사도 바울은 스스로 지혜롭다 하는 자들에게 비꼬는 투로 맹공(猛攻)을 퍼부으면서, "너희는 스스로 겸손해져야 한다. 너희가 뭔가를 좀 알려면 너희가 아무것도 모른다는 것부터 깨달아야 한다"라고 지적했다.

하나님의 지혜는 증명할 필요가 없다

나는 하나님께서 지혜로우시다는 증거를 제시하지 않는다. 우리가 하나님을 증명하려고 시도하는 것은 우리의 마음속 깊은 곳에 있는 우리의 불확실성을 말해주는 가장 확실한 증거 중 하나이다. 우리는 그분에 대한 증거를 제시할 필요가 없고, 다만 "하나님!"이라고 그분을 부르면 된다. 더 이상 무엇이 필요하겠는가? 우리는 그분이 지혜로우시다는 것을 증명할 필요가 없다.

하나님께서 스스로 주장하시는 대로 그런 분이시라면, 성경이 선포하는 그런 분이시라면, 기쁨으로 충만하여 빛나는 얼굴로 찬양하며 경배하는 성도들이 선포하는 그런 분이시라면, 우리는 그분을 인간의 증명의 심판대 앞에 세울 필요가 없다. 그 심판대 앞에서 그분이 모자를 벗어들고 서서 "나를 증명하도록 허락하니 나를 증명해보아라"라고 말씀하시게 할 필요가 없다. 그렇게 하는 것은 '지극히 크신 분'에게 무례한 것이고, '옛적부터 항상 계신 이'를 모욕하는 것이다. 기독교에 대해 나쁜 감정을 가진 불신자는 어떤 증거를 들이대도 어차피 안 믿을 것이고, 믿음 있는 예배자라면 어떤 증거도 요구하지 않을 것이다. 예수님은 "나를 보고 믿는 것은 복된 것이므로 좋은 일이지만, 나를 보지 못하고도 믿는 것은 더욱 복된 일이다"라는 취지로 말씀하셨다.

어차피 인간은 하나님의 존재를 믿든지 믿지 않든지 둘 중 하나이다. 그분이 완전히 지혜로운 분이시라고 믿든지 믿지 않든지 둘 중 하나이다. 그분이 존재하신다고 믿든지 아니면 의심하든지 둘 중 하나이다. 그분이 홀로 지혜로운 우리 구주 하나님이시라고 믿든지 아니면 믿지 않든지 둘 중 하나이다.

이 둘 중 어느 쪽을 선택하느냐에 모든 것이 걸려 있다. 즉 운명, 죽음, 생명, 천국 그리고 지옥이 걸려 있다. 그리스도인들은 의심하는 자들에게 들려줄 대답을 갖고 있다.

그런데 복음주의가 사이비 지성주의(知性主義)에 사로잡혀 있는 지금 이 시대의 일부 복음주의자들은 참을 수 없다는 듯이 어깨를 으쓱하면서 나의 이런 이야기를 묵살할 것이다. 그들은 내 말에 동의할 수 없다고 말하면서, "성경은 과학적으로, 철학적으로 증명이 필요한 책입니다"라고 말한다. 그리하여 그들은 성경을 증명하느라고 바쁘다. 그러나 하나님께서는 구주의 보좌를 성냥개비로 떠받치려고 몰려드는 이런 사람들을 그냥 지나치시면서, "너희가 태양까지 걸어가 별들을 떠받치려고 하느냐?"라고 한 마디 충고하실 것이다.

주님은 그들의 모든 시도에 아무 관심도 보이지 않으실 것이다. 그분은 심령이 가난한 자들에게, 마음이 어린아이 같은 자들에게, 자기의 죄를 미워하는 자들에게, 하나님을 갈망하는 자들에게, 무한으로부터 들려오는 태고의 속삭임을 들은 자들에게 믿음을 속삭여 주시기 때문이다. 이런 사람들은 자기들에게 증거가 필요 없다는 것을 하나님의 말씀을 통해 깨닫는다.

진짜 중요한 문제에서 지혜로운 사람들

성 어거스틴은 아주 지혜로운 사람이었다. 그의 입에서는 기쁨에 찬 고백이 폭발적으로 터져 나왔다.

"오, 하나님! 분별력 없는 일시적인 모든 것들을 위한 영원한 근거가 당신 안에 살고 있습니다!"

그렇다! 사라져가는 일시적인 것들이 있다. 그것들은 왔다 가고, 또 왔다간다. 앞서거니 뒤서거니 하면서 자기의 때를 채운 후에는 가버린다. 그러나 닻과 같이 견고한 것을 원하는 사람들, 우주의 어딘가에 큰 못을 박고 "이것은 더 이상 다른 곳으로 가버리지 않을 것이다. 내게는 닻이 있다"라고 말할 수 있게 되기를 원하는 사람들이 있다. 물론, 그 닻 주변의 모든 것들은 상대적인 것들이다. 하지만 이런 사람들은 그들의 모든 사고의 기초가 될 절대적 닻을 갈망한다.

그들은 하나님을 우러러보며, "오, 하나님! 저는 당신 안에 영원한 근거가 있다고 믿나이다"라고 말씀드린다. 그들은 하나님의 대답을 들을 수 있는 저 큰 날까지 기다릴 준비가 되어 있다. 결국 하나님은 이렇게 대답하실 것이다.

"지혜는 자기의 모든 자녀들로 인하여 옳다 함을 얻는다. 지혜의 자녀들은 모두 '아멘! 하나님이시여! 이해는 가지 않지만 믿습니다'라고 말한다."

그러므로 그리스도인은 지혜로운 사람이다. 옥스퍼드 사투리로 말하거나 6개 국어를 알아듣기 때문이 아니라 진짜 중요한 문제에서 지혜롭기 때문이다(물론, 그리스도인 중에도 옥스퍼드 사투리로 말하거나 6개 국어를 알아듣는 사람이 있을 수 있다).

믿음 있는 그리스도인이 증거를 요구하지 않더라도 그에게는 많은 증거가 주어진다. 그가 "하나님을 증명해주십시오"라고 말씀드리지 않아도 그분이 그에게 많은 증거를 주신다. 한 가지 예를 들자면, 그에게서 죄의 짐을 벗겨주신다. 예수님 이외에는 누구도 벗겨줄 수 없는 죄의 짐이 벗겨졌다. 십자가 속죄에서 나타난 하나님의 완전한 지혜를 그가 신뢰하기 때문이다. 하나님께서 천지와 그 안에 있는 모든 것을 창조하신 것은 그분의 지혜를 표현하신 사건이었다고 나는 믿는다. 하지만 그때 그분의 지혜가 전부 표현된 것은 아니다. 피조세계는 유한하고 그분의 지혜는 무한하기 때문이다. 아무튼 확실한 것은 그분의 모든 창조 행위가 온전한 지혜 가운데 이루어졌다는 것이다.

하나님께서 그분의 거룩한 아들을 보내어 죽게 하셨을 때 피조물의 일부, 즉 인류가 그들의 창조자에게 다시 돌아갔다고 나는 믿는다. 그분의 아들이 십자가에서 돌아가신 사건은 더 이상 개선될 수 없는 완전한 것이었다. 아브라함, 다윗, 이사야, 바울, 어거스틴, 천사장들 그리고 스랍들이 그들의 지식을 다 모았다 해도 그것을 개선할 수 없었을 것이다. 그들은 완전한 속죄를 더 완전하게 만들 수 없다. 속죄는 홀로 지혜로운 우리 구주 하나님께서 십자가에서 돌아가신 것이기 때문이다.

그러므로 당신이 "나는 그리스도인입니다"라고 말한다면, 그 말 속에는 "나는 절대적 지혜를 받아들였고, 더할 나위 없이 완전한 반석 위에서 안식합니다. 그 완전한 반석은 십자가, 보혈, 속죄, 예수 그리스도의 중재, 그리고 아버지 하나님 우편에서 드러지는 그리스도의 중보기도입니다"라는 뜻이 담겨 있다. 하나님께서 이루신 일은 더할 나위 없이 완전하고 절대적이고 무한했다. 끝없이 거룩했고, 개선이 불가능했으며, 무제한적이었다. 나는 성경이 진리라고 증명하기 위해 시간을 투자하지 않는다. 단지 성경을 믿을 뿐이다. 나는 믿기 때문에 사고(思考)하는 것이지, 믿기 위해서 사고하는 것은 아니다.

완전한 사랑에는 두려움이 없다

그리스도인이 얻게 되는 또 다른 것은 내적 증거이다. 이것은 '증명'과는 다른 것이다. 하지만 이 내적 증거가 증명의 역할을 하게 될 때 그리스도인의 두려움은 사라진다. 완전한 사랑은 두려움을 쫓아낸다. 만일 우리의 사랑이 완전하면 두려움이 전혀 없게 될 것이라고 나는 믿는다. 만일 당신이 참 그리스도인이라면 과거에 당신을 힘들게 했던 어려움이 3분의 1 이하로 줄어들 것이고, 당신의 과거의 걱정이 10분의 1 이하로 줄어들 것이다.

당신이 하나님께 "나를 늘 따라다니며 괴롭히던 몇 가지 두려움이 이제는 전혀 없습니다"라고 자신 있게 말씀드릴 수는 없겠지만, 그래도 이미 당신의 두려움들은 훨씬 적어졌을 것이고, 해가 감에 따라 점점 줄어들고 또 약해지고 있을 것이다. 내가 볼 때, 이런 현실적 변화가 그리스도인들의 지혜를 보여주는 증거이다. 이런 지혜 때문에 그리스도인들의 삶에 많은 변화가 생겼다.

당신이 성경을 전혀 읽지 않던 때가 기억나는가? 지금은 어떤가? 지금은 너무 읽어서 너덜너덜해진 성경책을 갖고 있을 것이다. 당신의 삶에서 어떤 변화들이 일어났다. 그 변화들이 어떤 것인지 나는 모르지만, 아무튼 좋은 일이다!

당신은 "오, 하나님! 저를 변화시키소서. 그러면 제가 믿겠나이다"라고 기도했는가? 아마 그러지 않았을 것이다. 다만 "하나님! 저는 아무튼 믿습니다. 무엇이 어떻게 되었든 믿습니다"라고 기도했을 것이다.

우리는 "오, 하나님! 저는 당신의 말씀 위에 서 있습니다. 저는 당신의 말씀 위에 서서 지옥으로 갈 것입니다"라고 말한 존 번연의 심정에 공감한다. 물론 진리 위에 서서 지옥에 간 사람은 아무도 없었지만, 번연에게는 지옥에 가는 한이 있더라도 진리 위에 서겠다는 마음이 있었던 것이다.

그런 심정은 하나님께 "그들의 죄를 사하시옵소서 그렇지 아니하시오면 원하건대 주께서 기록하신 책에서 내 이름을 지워 버려 주옵소서"(출 32:32)라고 말씀드린 모세도 역시 느꼈던 것이다. 물론 하나님께서 선한 사람의 이름을 그분의 책에서 지워버리신 적은 없었지만, 모세는 그런 것까지 각오했던 것이고, 하나님은 그런 심정이 모세에게 있다는 것을 확인하기 원하셨던 것이다.

지혜롭게 선택하라

우리가 또 생각해볼 수 있는 것은 그리스도인이 된 사람은 과거보다 행복해진 사람이라는 것이다. 우리는 마땅히 행복해야 할 만큼 행복하지 못한 것에 대해 우리 자신을 자책하지 않을 수 없다. 당신도 알겠지만, 우리의 미소는 부자연스럽고 우리의 간증은 종종 가식적이다. 우리는 자리에서 일어나 사람들 앞으로 나가 "나를 위해 기도해주세요. 내가 구원받은 것을 주님께 감사합니다"라고 말한다. 물론 이것은 좋은 일이지만, 사실 우리는 마땅히 행복해야 할 만큼 행복하지 못하다.

그렇다 해도 내가 한 가지 확실히 말할 수 있는 것은 그리스도인들이 과거보다 행복해졌고, 주변의 많은 비그리스도인들보다 더 행복하다는 것이다. 하나님께서 어느 정도의 행복을 우리의 마음에 부어주셨기 때문에 우리의 근심걱정이 사라지기 시작했다. 세상을 떠날 날이 점점 다가올수록 우리의 근심걱정은 더 많이 줄어들 것이다.

지혜는 자기의 모든 자녀로 인하여 옳다 함을 얻는다. 우리는 사람들에게 그리스도인이 되라고 호소한다. 그러나 그분을 제시할 때 "이분을 보십시오. 곱슬머리를 하고 곱슬수염이 약간 난 이 연약한 분이 불쌍하게도 훌쩍이며 말씀하고 계십니다. 이분을 믿지 않으시렵니까? 이분이 애처로이 호소하고 계십니다"라고 말하지는 않는다.

그런 것은 우리가 사용하는 방법이 아니다. 그분이 심하게 통곡하신 적이 한 번 있었지만, 지금은 전능하신 아버지 하나님의 우편에 계신다. 장차 이 세상의 나라들이 그분의 큰 두 어깨 위에 놓여있게 될 것이다.

당신이 회심한다고 해서 그분의 영광이 더 늘어나는 것은 아니다. 당신이 회심을 거부한다고 해서 그분의 영광이 줄어들지도 않는다. 만일 당신의 마음속에서 속삭이는 하나님의 음성을 들었다면, 당신의 영혼을 위해 취할 수 있는 가장 지혜로운 행동은 예수 그리스도를 통해 하나님께 나아가는 것이다. 하나님이 지혜로우시다는 것을, 그분의 부르심이 지혜로운 것임을, 그리스도의 십자가가 지혜로운 것임을, 어린양의 보혈이 지혜로운 것임을, 하나님의 속량 계획이 지혜로운 것임을 담대히 믿으라. 하나님께서 그분의 아들을 보내시어 죄 사함을 위한 놀랍고 아름다운 일을 이루셨을 때, 그 일은 온전한 지혜 가운데 이루어졌다.

그리스도인이 되는 것은 지혜로운 것이다. 변화를 거부하고 현재 상태를 고집하다가 문명의 소용돌이 속으로 그대로 빨려 들어가고 마는 것이 지극히 어리석은 것이다. 당신은 그것이 지혜로운 것이라고 생각하는가? 결코 그렇지 않다! 그것은 어리석음의 수렁으로 더 깊이 빠지는 것이다.

주 예수 그리스도를 믿는 저 지혜로운 사람을 보라! 그리스도를 믿는 것이 아마도 그의 평생의 유일한 지혜로운 선택이었을 것이다. 그런 선택이 있기 전에 그는 완전히 도덕적으로 미련한 사람이었을지도 모른다. 그러나 복음의 초대의 음성을 듣고 그 초대를 받아들이고, 완전히 지혜로우신 하나님 즉 온전히 지혜로우신 우리 구주 하나님을 믿고, 그의 삶을 예수 그리스도의 두 팔에 맡겨드리고, 그분을 신뢰하고 또 계속 신뢰하는 그는 정말 지혜로운 선택을 한 것이다.

지혜는 자기의 모든 자녀로 인하여 옳다 함을 얻는다. "세 가지 종교, 즉 천주교, 기독교 그리고 유대교 중 어느 하나를 믿는다고 말하는 사람이면 누구든지 용납하십시오. 성당이든 교회든 회당이든 하나를 골라잡아 출석하면 됩니다"라고 말하면 무척 관대한 사람으로 인정받고 누구에게도 미움을 받지 않는 것이 현재 사회의 분위기이다. 지금 사람들은 성가신 전통적 기독교인들, 즉 어린양의 보혈이나 신생 같은 것들을 믿는 근본주의자들을 좋아하지 않는다.

그렇다! 사람들은 우리를 좋아하지 않는다. 우리가 자기들을 귀찮게 한다고 생각한다. 그러나 속량의 하나님의 절대적이고 무한하고 완전한 지혜를 받아들임으로써 지혜롭게 된 우리가 결국은 지혜로운 자라는 것이 밝혀질 날이 장차 도래할 것이다.

오, 이 무슨 은혜인가!
속량의 놀라움을,
오, 어떤 생각이 다 알 수 있을까?
지혜가 영원히 밝게 빛나니
그분을 찬양하라!
내 영혼아, 넘치는 즐거움으로!

_ 존 니드햄 (John Needham)
〈내 혀야, 깨어나 찬사를 올려드려라!〉

하나님의 지혜는 지식으로 얻을 수 없다

초판 1쇄 발행	2018년 2월 2일
초판 2쇄 발행	2018년 3월 30일
지은이	A. W. 토저
옮긴이	이용복
펴낸이	여진구
책임편집	이영주, 김윤향
편집	김아진, 안수경, 최현수, 배정아
디자인	마영애, 노지현
기획·홍보	김영하
마케팅	김상순, 강성민, 허병용
제작	조영석, 정도봉
해외저작권	기은혜
마케팅지원	최영배, 정나영
경영지원	김혜경, 김경희
이슬비전도학교	최경식
303비전장학회 & 303비전꿈나무장학회	여운학
303비전성경암송학교	박정숙
펴낸곳	규장

주소 06770 서울시 서초구 매헌로 16길 20(양재2동) 규장선교센터
전화 02)578-0003 팩스 02)578-7332
이메일 kyujang0691@gmail.com   홈페이지 www.kyujang.com
페이스북 facebook.com/kyujangbook   인스타그램 instagram.com/kyujang_com
카카오스토리 story.kakao.com/kyujangbook
등록일 1978.8.14. 제1-22

ⓒ 한국어 판권은 규장에 있습니다.
이 출판물은 저작권법에 의해 보호를 받는 저작물이므로 무단 전재와 무단 복제를 할 수 없습니다.

책값 뒤표지에 있습니다.
ISBN 978-89-6097-524-8 03230

규 | 장 | 수 | 칙

1. 기도로 기획하고 기도로 제작한다.
2. 오직 그리스도의 성품을 사모하는 독자가 원하고 필요로 하는 책만을 출판한다.
3. 한 활자 한 문장에 온 정성을 쏟는다.
4. 성실과 정확을 생명으로 삼고 일한다.
5. 긍정적이며 적극적인 신앙과 신행일치에의 안내자의 사명을 다한다.
6. 충고와 조언을 항상 감사로 경청한다.
7. 지상목표는 문서선교에 있다.

하나님을 사랑하는 자 곧 그의 뜻대로 부르심을 입은 자들에게는 모든 것이 合力하여 善을 이루느니라(롬 8:28)

규장은 문서를 통해 복음전파와 신앙교육에 주력하는 국제적 출판사들의 협의체인 복음주의출판협회(E,C,P,A-Evangelical Christian Publishers Association)의 출판정신에 동참하는 회원(Associate Member)입니다.